JN059032

いちばんやさしい
アロマンティックや
アセクシュアルのこと

三宅大二郎　今徳はる香　神林麻衣　中村健

明石書店

はじめまして！
　『いちばんやさしいアロマンティックやアセクシュアルのこと』を開いてくださり、ありがとうございます。

この本は、アロマンティックやアセクシュアルについてどなたにでもやさしくお伝えすることを目指してつくった本です。

この本では、アロマンティックやアセクシュアルなどをまとめてAro/Ace（アロ／エース）と呼びます。アロマンティックやアセクシュアルの他にもさまざまなアイデンティティがあるため、それらを一緒に説明する際はAro/Aceという言葉を使います。詳しくはp.12〈Q. Aro/Aceって何ですか?〉をご覧ください。

この本は主に Aro/Ace についてはじめて知るという人向けに書いています。Aro/Ace を自認している、または近いかもしれないという人はもちろん、

親しい人や周囲の人が Aro/Ace 当事者である、または学校や病院、福祉関係に勤めている人など、幅広い人に知ってほしい内容をまとめました。

Aro/Aceについては、一般社会ではまだ知名度も低く、情報を入手しづらい状況があります。

Aro/Ace 当事者はもちろん、自分が Aro/Ace かもしれないと思った時や、

当事者の周囲の人や上記のような職業の人が Aro/Ace について知りたいと思った時も

どのように調べるべきか難しい面があります。

そういう人たちの役に少しでも立てたらと思い、この本を出版することにしました。

この状況を変えるきっかけの一つになれたらと思います。

この本は、2部構成です。

第1部
Q&Aで知るアロマンティックや
アセクシュアルのこと

第2部
当事者の声をきいてみよう

第1部は、
よくある質問とその回答（Q&A）
という構成になっています。

回答は、
3パートに分かれています。

全体を大まかに知りたい
という方は Step1 を

説明も含めて知りたい
という方は Step2 を

さらに深く知りたい方は
Step3 もご覧ください。

続く第2部は、Aro/Ace 当事者による
お話し会や Aro/Ace に関する調査など
について紹介します。
　第1部の基本的な情報をふまえ
Aro/Ace 当事者の体験談など
生の声を知ることができます。

注 ⚠ 意

このマークのページは
性的な話を扱っています。

具体的なことから
知りたいという方は、
第2部から
お読みいただいても
大丈夫です。

このマークのページは
Aro/Ace に対する偏見に
ついて扱っています。

苦手な方は
ご注意ください。

マークは目次と、ページのはじめにあります。

メンバー紹介

　この本はAro/Aceに関する調査や情報発信をしている団体、As Loop（アズループ）から編成した書籍プロジェクトチームのメンバーで制作しました。

　As Loopでは「Aro/Ace調査」というAro/Ace当事者を対象としたオンライン調査をおこなっており（詳細はp.174）、この本の中で調査結果を一部紹介しています。また、第1部のQ&Aにはメンバーがコメンテーターとして登場することがありますので、本文とあわせてご覧いただければ幸いです。

みやけ（三宅大二郎）
Aro/Aceについて研究している。「Aro/Ace調査」の代表を務めている。

はるか（今徳はる香）
NPO法人にじいろ学校の代表。Aro/Ace交流会を定期的に開催している。

カミ（神林麻衣）
Aro/Ace当事者やコミュニティを支援している。啓発資料の作成等をおこなっている。

なかけん（中村健）
Aro/Aceについて発信活動をしている。自身の体験を学校や行政、メディアなどで伝えている。

いちばんやさしい
アロマンティックやアセクシュアルのこと

●

目　次

第 1 部
Q&A で知る
アロマンティックや
アセクシュアルのこと

第 1 章

●

はじめて知る方へ

Q　Aro/Aceって何ですか？

A　Aro/Ace＝アロマンティックや
アセクシュアルなどをまとめた言葉です。
アロマンティック
＝他の人に恋愛感情を抱かないこと
アセクシュアル
＝他の人に性愛感情を抱かないこと

Aro/Ace＝アロマンティック／アセクシュアル・スペクトラム
＝アロマンティックやアセクシュアルに関連する多様なセクシュアリティの総称

＊Aro/Ace に関する言葉は、さまざまな意味や書き方がありますので、この本で紹介しているのは一例です。ここで紹介している以外の用語もありますし、同じ用語でも人によって違う意味で使っていることがあります。

　スペクトラムは「グラデーション（濃淡、徐々に変わっていくこと）」に近い意味です。
　つまり、Aro/Ace は、他の人に恋愛感情を抱かないことのグラデーションや他の人に性愛感情を抱かないことのグラデーションなどを指しています。

アロマンティック（他の人に恋愛感情を抱かないこと）
英語では Aromantic と書きます。

分解すると「A + romantic（ア＋ロマンティック）」です。
恋愛を表すロマンティックの前に「A（ア）」をつけた言葉になっています。

この A（ア）には「ない」という意味があるので、上に書いたような意味になります。恋愛感情を抱かないことについて、詳しくは p.22〈Q. 恋愛感情って何ですか？〉をご覧ください。

Aro はアロマンティック当事者の略称、またはアロマンティック・スペクトラムの略称としても使われています。

アセクシュアル（他の人に性愛感情を抱かないこと）
英語では Asexual と書きます。

分解すると「A + sexual（ア＋セクシュアル）」です。
性愛を表すセクシュアルの前に「A（ア）」をつけた言葉になっています。

性愛感情を抱かないことについて、詳しくは p.28〈Q. 性愛感情って何ですか？〉をご覧ください。
Ace はアセクシュアルの愛称であり、アセクシュアル・スペクトラムの略称としても使われています。

　アセクシュアルとアロマンティックのどちらにもあてはまることもあれば、片方だけにあてはまることもあります。ちなみに、多数派とされるのはどちらにもあてはまらない場合です（下記、表の左上）。

	他の人に**恋愛感情を抱く**＝ロマンティック	他の人に**恋愛感情を抱かない**＝アロマンティック
他の人に**性愛感情を抱く**＝セクシュアル	ロマンティック・セクシュアル	アロマンティック・セクシュアル
他の人に**性愛感情を抱かない**＝アセクシュアル	ロマンティック・アセクシュアル*1	アロマンティック・アセクシュアル*2

　なお、性のあり方（セクシュアリティともいいます）と、自分をどのように感じているか／説明するか（アイデンティティもいいます）ということは別なこともありますので、人のことを決めつけないことが重要です。

さまざまな書き方・呼び方

　アロマンティックは、Ａロマンティックと書くことがあります。

　読む時はＡの部分を「エィ」と発音します。

　Aroは、日本語では「アロ」と読むことが多いですが、英語は「エィロ」に近い発音です。

　アセクシュアルは、Ａセクシュアルと書くことがあります。

　読む時はＡロマンティックと同じく、Ａを「エィ」と発音します。

　Aceは、日本語で「エース」と読みますが、英語でもほぼ同じ発音で「エィス」と読みます。

Aro/Aceの多様性

　なぜスペクトラムという言葉を使うかというと、恋愛／性愛感情を抱くか、抱かないかということが白黒ではっきり分かれるわけではないからです。

＊1　ロマンティック・アセクシュアルを「ノンセクシュアル」と呼ぶ人もいます。

＊2　アロマンティック・アセクシュアルを単に「アセクシュアル」と呼ぶ人もいます。

デミロマンティック／ デミセクシュアル	他の人と信頼関係がある場合のみ、恋愛／性愛感情を抱くことがある
グレイ（ア）ロマンティック／ グレイ（ア）セクシュアル	・まれに恋愛／性愛感情を抱くことがある ・弱い恋愛／性愛感情を抱くことがある ・特定の状況でのみ、恋愛／性愛感情を抱くことがある
リスロマンティック／ リスセクシュアル	恋愛／性愛感情を抱くことがあるが、 ・その感情を返してほしいとは感じない ・恋愛／性的関係になることにこだわらない

　グラデーションのように、一人ひとり異なるセクシュアリティ<u>があります。</u>

　Aro/Aceコミュニティではその多様なセクシュアリティにあわせて、さまざまなアイデンティティがあります。

　ここで紹介しているのはほんの一例ですが、このような多様なアイデンティティをまとめる役割として、Aro/Ace（アロマンティック／アセクシュアル・スペクトラム）という言葉があります。

　また、単に「A（またはAスペクトラム）」とまとめることもあります。

　Aという大きな傘の下に、さまざまなセクシュアリティがあるイメージです。

One more thing...

Aの歴史：英語圏と日本

　Aの大きな傘の下にあるセクシュアリティの中で、はじめに使われるようになった言葉はアセクシュアルです。アセクシュアルは英語圏で生まれた言葉で、近年ではレズビアン、ゲイ、バイセクシュアルなどと同様、性的指向（sexual orientation）の一つとして認識されるようになってきています。[*3]

　一方で、アセクシュアルは元から性的指向の一つを指す言葉として使われていたわけではありません。アセクシュアルの用法として最も歴史があるのは生物学におけるアセクシュアルだといわれており、「無性」や「無性生殖」などを指します。アセクシュアルの話をする際に、「性別がないということですか？」という質問を受けることがありますが、もしかするとこのような背景があるからかもしれません（単に勘違いしているだけの可能性もあります）。アセクシュアルがセクシュアリティの文脈で言及されている記録としては、100年以上前のものも確認されていますが（Katz 2022）、あまり一般的ではなかったようです。1948年に性科学者のアルフレッド・キンゼイが性的指向に関する研究の中で、性的指向がスペクトラムであることを指摘しましたが、その中にアセクシュアルという区分はありませんでした（Kinsey et al. 1948, Kinsey et al. 1953）。キンゼイらは調査の中で性的なことに関心を示さない人の存在は認識していたものの、「グループX」としてカテゴライズし、性的指向の一つとしては位置づけなかったのです。ここからいえることは、アセクシュアルに近いと思われる人たちは少なくとも70〜100年ぐらい前から存在していたと思われますが、それが現代と同じように認識されていたわけではないということです。[*4] レズビ

＊3　性的指向は一般に「どの性別に性愛感情を抱くか（抱かないか）」を説明する概念として用いられますが、アセクシュアルを性的指向の一つとして捉えるべきか、性的指向が「ない」状態として捉えるべきかについては議論があります。その一方で、アセクシュアルや Aro/Ace の視点からそもそも「性的指向とは何か？」という議論もあります。

＊4　1970年代には、フェミニズムの文脈でアセクシュアルという言葉が性的指向の一つ

アン、ゲイ、バイセクシュアルなどにも同様の議論がありますが、近年になってセクシュアリティが多様化したのではなく、セクシュアリティに対する認識が変化したのだと考えられます。

アセクシュアルが、他のセクシュアリティと同じようにコミュニティを形成するようになったのは、インターネットが普及しはじめた2000年前後だといわれています。アセクシュアルという言葉で自分を理解しようとする人たちが、インターネットを中心にそれぞれ自分の経験や考えを発信し、交流する中でコミュニティが形成されてきたのです。そのプロセスの中ではさまざまな議論が交わされ、アセクシュアルをどのように定義するのか、自分（たち）をどのように理解するのか（これが自認、アイデンティティにつながります）ということが形作られてきました。アセクシュアルの定義に関する議論については、p.38〈性欲・自慰行為とAro/Ace〉でも触れていますので、ぜひご覧ください。

一方、日本でも、英語圏からアセクシュアルをはじめとする概念が紹介され、現在のようなAro/Aceコミュニティは2000年以降にインターネットを中心に発展してきました。地域によっては、2000年代から対面による交流会も開催されていたようです。現在でも世間一般の知名度は高いとはいえませんが、LGBTQの可視化とともにメディアなどで注目されるようになってきています。近年では、Aro/Aceに関する映像作品なども増えてきていますのでp.198〈Aro/Aceのリソース〉もご覧ください。

日本ではAro/Aceに関する言葉の用法が混在しており、英語圏で現在主流になっている用法と異なることもあります。英語圏でもさまざまな議論を経て定義が変容してきていますが、日本でも変化していることがわかっています。例えば、2000年代には、「狭義のアセクシュアル」と、「広義の

として用いられていたことがわかっています。ただ、本書で紹介している2000年代以降の文脈と異なり、ここでは性的関係に価値を置く社会が女性たちを家庭に縛り付ける家父長制を支えていることを指摘し、それを変革するための準拠点としてアセクシュアルが使われていたと考えられています。当時アセクシュアルという言葉を使っていた人たちのセクシュアリティと、現代のAro/Aceコミュニティで議論されるセクシュアリティが比較的近い可能性もありますが、アセクシュアルという言葉を使う文脈が違ったことを考慮する必要があります。この議論については、下記のサイトが参考になりますのでご覧ください。夜のそら, 2019,「『発見』されたAセクシュアル（1972）」, 夜のそら：Aセク情報室, 2019年8月31日,（2023年12月1日取得, https://note.com/asexualnight/n/ne58a24b2618b).

アセクシュアル」という分類が使われていました。前者は、「性的欲求はなく恋愛感情も」ないことを指し、後者は「特定の人に対して恋愛感情を抱くことはあるが、それは性的欲求に基づくものではなく、また性的関係を求めないもの」という意味で使われていたようです（雪 2003: 第9-10段落）。2007年頃には後者をノンセクシュアルと表現するようになってきたとする記述もあり（雪 2022）、用語の使い方が変化していることがわかります。ノンセクシュアルは英語にするとnonsexualですが、英語では「性的ではない」ことを表す形容詞で、アイデンティティとして使われることは一般的ではありません。ノンセクシュアルは日本で独自に発展してきたアイデンティティといえます。なお、アセクシュアルを無性愛、ノンセクシュアルを非性愛と呼ぶこともあります。

　日本のAro/Aceコミュニティの特徴として、上述の流れからもわかるように、恋愛が分類上の重要な点になっていることがあげられます。英語圏でも恋愛感情による区別をしますが、日本では恋愛感情や恋愛関係における違和感によって自認したというAro/Ace当事者の語りがよく聞かれます。これは日本における恋愛／性愛の言説が、恋愛に偏っている、または恋愛という言葉を使いながら性愛が語られるなどの背景が関連しているかもしれませんが、詳細はあまりわかっていません。日本のAro/Ace当事者の自認プロセスの研究とあわせて、今後検討すべき課題の一つだと思います。

アイデンティティの構築とAro/Aceの多様性

　すでに述べたように、コミュニティが形成されていくプロセスは、アセクシュアルや関連するカテゴリーの定義やアイデンティティが構築されていく過程でもあります。アイデンティティの構築は、アセクシュアルをはじめとするセクシュアリティが「いない」ことにされる社会で、「いる」ことを伝える意味で重要です。多くの社会は、「他者に恋愛／性愛感情を抱くものである」ことを「普通」と捉え、無意識に押し付けてきます。その対抗策の一つが、言葉を紡ぐことです。Aro/Aceに関連するアイデンティティや用語は、その言葉を使って、自分の経験を振り返り、語ることを可能にします。そして、それはこれまで「普通」とされてきたあり方を言語化し、相対化することにもつながります。Aro/Aceコミュニティでは、（日本

ではまだあまり一般的ではありませんが）他の人に恋愛感情を抱くことを
「アローロマンティック（alloromantic)」、他の人に性愛感情を抱くことを
「アローセクシュアル（allosexual）」と表現することがあります。ホモセ
クシュアルに対応してヘテロセクシュアル（異性愛）、トランスジェンダー
に対応してシスジェンダー（出生時に割り当てられた性別が自認している
性別と同じであること）が使われるように、これらの言葉を使うことによ
って、「普通」とされてきたあり方はあくまでセクシュアリティの一つの類
型であると指摘することができます。このように、Aro/Ace について知る
ことは、セクシュアリティの多様性を学ぶだけでなく、社会の価値観を見
つめ直すことにもつながります。その具体例については、第4章 p.95〈気
になるけど聞けない「これってどうなの？」〉が参考になると思いますので、
ぜひご覧ください。

　そして、コミュニティの形成プロセスでおこなわれてきたAro/Ace 当事
者同士による議論は、Aro/Ace 一人ひとりの多様性に注目する契機にもな
りました。本書ではすでにいくつか紹介しましたが、Aro/Ace コミュニテ
ィには実にさまざまなアイデンティティがあります。それらははじめから
あったわけではなく、Aro/Ace コミュニティの中で構築されてきたものです。
例えば、アロマンティックとアセクシュアルという言葉からは恋愛と性愛
を区別していることがわかりますが、この区別はアセクシュアルの定義に
関する議論の中で定着してきた考え方だといわれています（Chu 2014)。
より専門的にいえば、性的指向と恋愛的指向（romantic orientation）の区
別です。アセクシュアルが性的指向の一つであると位置づけられるように、
アロマンティックは恋愛的指向の一つであると考えられています。2000年
代の前半から、アセクシュアルを自認する人の中には、特定の人との親密な
（恋愛的な）関係性を望まない人もいることが認識されていて、あるアセク
シュアル当事者がアロマンティックという言葉を使いはじめたことをきっ
かけに広く知られるようになったといいます（the AUREA Team 2019)。

＊5 「アロー（allo)」は「他に」という意味がありますので、他の人に向かうセクシュ
　アリティを表す言葉として用いられています。
＊6 恋愛／性愛以外にも、美しいと思うこと、触り心地を好むことなど、性的なことと
　結びつけられがちなことを細分化する議論も多くあります。

　また、Aro/Ace コミュニティではアロマンティックかロマンティックかという区分だけでなく、どの性別の人に恋愛感情が向くかという点に注目した、「ヘテロロマンティック（heteroromantic）」、「ホモロマンティック（homoromantic）」、「バイロマンティック（biromantic）」などの言葉も使われています。これらは「ヘテロセクシュアル（heterosexual）」、「ホモセクシュアル（homosexual）」、「バイセクシュアル（bisexual）」に対応する形で Aro/Ace コミュニティで作られた言葉です。さらに、このような恋愛／性愛の区別や対象となる人の性別の違い以外にも、p.15 ですでに紹介したグレイ（ア）ロマンティック（grayromantic/gray aromantic）とグレイ（ア）セクシュアル（graysexual/gray asexual）、デミロマンティック（demiromantic）とデミセクシュアル（demisexual）のように、その感情の「抱き方」に注目したアイデンティティもあります。セクシュアリティは白黒はっきり分かれるものではなくスペクトラムであると述べましたが、これらはまさに恋愛／性愛感情の有無だけでは捉えきれないということがわかる例だと思われます。また、リスロマンティック（lithromantic）やリスセクシュアル（lithsexual）というアイデンティティは、恋愛／性愛感情を抱いたらその人との関係性を望む「だろう」という想定が一般にあることを前提にしています。このアイデンティティの存在がその前提を可視化するという意味で、Aro/Ace には既存の価値観を相対化させる可能性があることがわかります。

　一方、Aro/Ace 当事者同士による議論が常に意見の食い違いがなく、一枚岩に収まる方向に進むというわけではありません。例えば、上述の性的指向と恋愛的指向の区別がしっくりこないと感じる人や、分けることの弊害を指摘する声もあります。それが一つのアイデンティティになったのが、「クワロマンティック（quoiromantic）」です。フランス語で「何」を意味する「クワ（quoi）」とロマンティックを組み合わせた言葉になっています。社会学者の中村香住（2021）によれば、この言葉は恋愛的指向と性的指向を分ける考え方が主流になりつつある中で、恋愛的指向という概念自体が自分にとっては意味をなさない、適さないという感覚や、そのような考え方を説明するために使われるようになったといいます。Aro/Ace の多様性は、セクシュアリティの差異だけでなく、個々の経験や感覚、考え、立場の違

いまで含んだ多様性なのです。Aro/Ace 当事者による議論は、その意味でも一人ひとりの多様性にも目を向ける契機になったといえるでしょう。

その上で本書が一部とはいえさまざまなアイデンティティや用語を紹介するのは、Aro/Ace コミュニティの中で特定のあり方が押し付けられることなく、Aro/Ace に関連する情報が必要な人に届くようにしたいという意図があります。例えば、ロマンティック・アセクシュアル（ノンセクシュアル）やアロマンティック・セクシュアルに近い人が、恋愛／性愛を分けて考えることで自己理解が進むこともあります。アイデンティティや用語を単純に増やせばいいというわけではありませんが、細分化することで見えてくる側面があると思います。また、Aro/Ace は多様であるというメッセージは、「真のアセクシュアルは〇〇である」というような議論に慎重になるためにも必要です。これは Aro/Ace への偏見やステレオタイプが醸成されてしまうのを避けることにもつながります。本書が、自分を理解すること、他の人を理解すること、社会を理解することの助けになることを祈ります。

（三宅大二郎）

Q 恋愛感情って何ですか？

A 実は"これ"という定義はありません。
人それぞれの捉え方があります。

> 恋愛感情＝恋愛的惹かれ＝恋愛的な魅力を感じる／恋愛的な
> 関係を持ちたい（付き合いたい）と思うこと

　恋愛感情にはさまざまな意味がありますが、この本では Aro/Ace
コミュニティでよく使う「恋愛的惹かれ」とほとんど同じ意味で使
います。

　そして、この「恋愛的惹かれ」とは、他の人に恋愛的な魅力を感じ
る、または恋愛的な関係を持ちたい（付き合いたい）と思うことです。

　しかし、これはあくまでこの本での定義であって、恋愛感情は人
によって少しずつもしくは大きく違い、「恋愛感情＝〇〇」と言い
切れるものではありません。

（特定の人に対して）

キュンとする、
ドキドキとする

一緒にいると
落ち着く

特別な存在に
なりたいと思う

性的なことを
したいと思う

　これらすべてを感じた時に恋愛感情を持っていると思う人もいれば、どれか一つを感じた時に恋愛感情を持っていると思う人もいます。これら以外の感情を恋愛感情だと思う人もいます。

　アロマンティックというと、「恋愛感情がないってなぜ言い切れるの？」といった質問をよく耳にしますが、言い切る必要はないのだと思います。
　なぜかというと、どのような感情を恋愛感情と捉えるかは人それぞれだからです。
　逆に「なぜその感情を恋愛感情だと言い切れるのか」を説明するのも難しいことではないでしょうか。

　結論としては、<u>本人が恋愛感情を何だと思うか、あると思うか／ないと思うか</u>だと思います。

One more thing...

恋愛感情を定義する

　恋愛感情を定義するのはとても難しいことです。例えば、心理学者のロバート・スタンバーグが提唱した「愛の三角理論」では、愛を「親密性（intimacy）」、「情熱（passion）」、「コミットメント（commitment／decision）」の3要素からなるとしました。スタンバーグによれば、親密性は親しさ、愛着など相手とつながっているという要素、情熱は恋愛感情や肉体的魅力、性的な達成と関連する要素、コミットメントは相手と関係を持とうとする、維持しようとする決断が含まれる要素だといいます。スタンバーグはロマンティックな愛（romantic love）を親密性と情熱の2つがある状態としました（Sternberg 1986）。この理論では、恋愛には性的な要素も関連していることがわかります。そのほかの研究でも、この理論と同様の認識をしているものがあります（例えば、Walster et al. 1978）。一方で、恋愛と性的な要素は必ずしも結びつくものではなく、別のものとして認識するべきだという議論もあります（Diamond 2003）。このように、恋愛感情については恋愛と性的な面だけでもさまざまな議論があり、誰もが納得するような定義をするのは難しいことがわかります。

　それにもかかわらず、本書で恋愛感情をとりあえずでも定義するのは、「恋愛感情を抱かない（恋愛的に惹かれない）」ということを説明する必要があるからです。もっとも実情に沿った説明は、「恋愛感情を抱かないということは、恋愛感情を抱かないと思うこと」だと思われますが、トートロジー（同語反復）に聞こえてしまいます。そこで、本書では英語圏の恋愛的惹かれの説明を参考にしました。英語圏で活動するアロマンティック・スペクトラム当事者団体のAUREA（Aromantic-spectrum Union for Recognition, Education, and Advocacy）は、恋愛的惹かれを「特定の人との恋愛的な接触や交流に対する興味や願望で、しばしば強い感情（たいていは熱愛）を伴い、そしてその相手と恋愛関係を結びたいと思うこと」と説明しています（The AUREA Team 2021）。AUREAの説明は、特定の人

との交流や関係性に注目していることがわかります。したがって、本書の説明にも「恋愛的な関係を持ちたい（付き合いたい）」を入れることにしました。ただ、リスロマンティックの説明、「恋愛的に惹かれるが、その感情を返してほしいとは感じない、または恋愛的な関係になることにこだわらない」にみられるように、恋愛的惹かれを関係性に限定して使うべきか悩ましい部分もあります。そのため、「他の人に恋愛的な魅力を感じる」という説明も加えることにしました。本書の定義は、主に説明のために設定したものに過ぎず、この定義によって当事者であるか否かを峻別する意図はありません。本書の各所で述べているように、自認は一人ひとりの意思に基づいて自由におこなわれるべきだと考えます。

恋愛感情の形成と変革の可能性

　恋愛感情は一人ひとり異なる認識があるため、捉えることが難しいものですが、一つ確かなことは、これらの研究を参照しながら自分の恋愛感情について認識している人はほとんどいないということです。不思議なのは、「恋愛感情はこれだ」となかなか言い切れないのに、恋愛感情というものが本当にあるのか、あるとしたら何か、ということは、一般的にあまり議論されないことです。それは「人は恋愛感情を抱くものである」という前提があるからだと考えられます。この前提があれば、いちいち一人ひとりに恋愛感情について聞いて議論しなくても済みます。周りの人の会話、テレビやインターネットなどのメディア、あらゆる作品の中に「恋愛」があふれているので、恋愛が何かをきちんと説明できなくても多くの場合は問題ありません。誰が教えるわけでもないのに（もちろん教えている人もいるかもしれませんが）、多くの人がなんとなく恋愛感情という像を少しずつ自分の中で形作っていくのです。恋愛感情を抱くと思うか、抱かないまたは恋愛感情が何かわからないと思うかの違いは、ある人が抱く感情とその人の周りでいわれている恋愛感情のイメージとのズレの大きさだと思います。自分の感情をどのように捉えるかはその人に一応任されていますが、その捉え方はその人の周りにある恋愛感情のイメージにも影響を受けています。恋愛感情は個人的なものでもあり、社会的なものでもあるのです。

　ここまでの話だと、社会からの影響を受けるばかりで、私たちが常に受

け身のように聞こえるかもしれません。しかし、そうとも言い切れません。先ほど、「自分の感情をどのように捉えるかはその人に一応任されている」といいましたが、これまでに「それは恋愛感情じゃないよ、友情だよ」というような言葉を聞いたことはありませんか。このような発言は相手の感情の否定なので、一般的に推奨されていませんが、ここにある種の可能性があります。すでに述べたように恋愛感情のイメージは周りからの影響を受けています。したがって、これを読んでいるあなたもそのイメージの共同作成者といえます（恋愛について自分から語らないことが周りの人の恋愛イメージの容認になることがあるので、その人の意思に関係なく共同作成者になってしまうこともあります）。「人は恋愛感情を抱くものである」という前提は強固なのでなかなかすぐには変わりませんが、今回の質問、「恋愛感情って何？」のような、あいまいなものを言語化・可視化する問いかけには既存のイメージを揺るがすポテンシャルがあります。もちろん、恋愛の話題に乗らない、その場を離れるという選択肢も重要です。ただ、あなたが恋愛感情について話したり聞いたりすることが苦痛でなければ、そしてあなたがそう問いかけても大丈夫だと思う相手であれば、恋愛話をふられた時などに聞いてみてください。その質問には、Aro/Ace に関する発信と同じくらいか、それ以上の可能性があるのです。

（三宅大二郎）

Q 性愛感情って何ですか？

A 実は"これ"という定義はありません。
性的な感情や行動を細かく分けて
考えてみましょう。

　性愛感情にはさまざまな意味がありますが、この本では Aro/Ace コ
ミュニティでよく使う「性的惹かれ」とほとんど同じ意味で使います。
　そして、この「性的惹かれ」とは、他の人に性的な魅力を感じる、
または性的な関係を持ちたい（性行為をしたい）と思うことです。

　しかし、これはあくまでこの本での定義であって、性愛感情や性
的惹かれの説明は多様です。

　そもそも「性的に惹かれる」という表現に、いまいちピンとこな
い人も多いかもしれません。
　いきなり「性」で考えると混乱しそうなので、例えば「食」で考
えてみましょう。
　これらは似ているようで、それぞれ違う行為や反応ですよね。

お腹がすく

食べ物を見て
美味しそうだと思う

唾液が分泌される

それを食べたいと思う

実際に食べる

　それと同じく「性」といっても、<u>身体的な反応や性欲、性的惹か</u><u>れなどさまざまな要素があります。</u>

　「食」の例になぞらえるのであれば、

・ムラムラする、体が性的な刺激を欲する（お腹がすく）

・ある人を見て性的な意味で素敵だと思う（食べ物を見て美味しそうだと思う）

・性的に興奮し、体が反応する（唾液が分泌される）

・その相手と性行為をしたいと思う（それを食べたいと思う）

・性行為をする（実際に食べる）

　といったイメージでしょうか。

　これは先ほどと同じく、それぞれ似ているようで違う行為や反応ですよね。

　これらの表現の中では、「性的に惹かれる」は「ある人を見て性的な意味で素敵だと思う」または「その相手と性行為をしたいと思う」が意味合い的には近いですが、どちらかだけを指している人もいれば、両方を指している人もいます。

　そもそも上記のような説明がしっくりくる人もいれば、まったく異なる理解をしている人もいます。

　そのため近い表現はこれだ、と言えたとしても、「性的に惹かれるとは間違いなくこういうことです」と言い切れるものではありません。

＊今回はわかりやすく説明するために食で例えましたが、栄養を取る意味での食はその人の生命に関わることである一方で、性は必ずしもそうではありません。その意味で食と性は同じではありません。

One more thing...

性的惹かれを定義する

「性的惹かれ／性的に惹かれる」はsexual attractionという英語を訳したものです。Aro/Aceの文脈ではこの言葉がよく使われます。ただ、日本ではなじみのない言葉であることと、恋愛感情と対比させて使うために、本書では性愛感情という言葉を性的惹かれと同列に扱っています。性愛感情には性的惹かれとは異なるニュアンスがある可能性がありますが、複雑なセクシュアリティに関する諸説明をできるだけわかりやすく多くの人に伝えるためこのような方針にしました。

sexual attractionは「性的魅力」と訳されることもありますが、この言葉はある人が性的に魅力的であるというような、その対象について説明しているニュアンスがあります。一方、「性的惹かれ」では、ある人が性的に惹かれるという経験、つまり対象ではなく魅力を感じた人自身について説明しています。本書ではこのニュアンスを伝えるために「性的惹かれ／性的に惹かれる」という言葉を使っています。

性的惹かれが元は英語の言葉だったと説明しましたが、その英語圏でも実は性的惹かれの使われ方はさまざまです。アセクシュアル当事者でライターのアンジェラ・チェンは、（アロー）セクシュアルの友人の語りを引きながら、性的惹かれとは「身体的な理由で特定の人とセックスをしようとする欲望」を指しているのかもしれないと推測しています（Chen 2020=2023: 50）。一方で、アセクシュアル当事者で作家のジュリー・ソンドラ・デッカーは、アセクシュアルは誰にも惹かれない性的指向であるという説明の中で、多くの人が性的指向を「自分がセクシーだと思うのはどんな人か」で考えていると述べています（Decker 2014=2019: 20）。ここからは、性的惹かれを誰を性的に魅力的（セクシー）と思うか／思わないかで考えるという解釈がみられます。

　つまり、前述の下記2つの要素どちらを性的惹かれとするかは論者によるといえます。[*1]

・ある人を見て性的な意味で素敵だと思う（食べ物を見て美味しそうだと思う）
・その相手と性行為をしたいと思う（それを食べたいと思う）

　他方で、アセクシュアル最大のオンラインコミュニティといわれる AVEN（Asexual Visibility and Education Network）は、性的惹かれを「他の人を性的に魅力的だと思う人が感じる感情的な反応であり、多くの場合、その人との性的な接触を望む結果となる」と説明しています（AVENwiki 2017: para. 1)。この説明は2つの要素に言及している点で両者を架橋するような定義ですが、「多くの場合〜となる」という記述から、性的な意味で魅力を感じることと、性的な接触を望むことは同じものだとは解釈されていないようです。

　Aro/Ace 調査の結果からも、この点について考えてみたいと思います。Aro/Ace 調査 2020 では、アセクシュアルを自認している回答のうち「他の人を性的な意味で魅力的だと思うか」という質問に対して、61.9%が思わない、18.3%があまり思わないと答えました（三宅ほか編 2021）。同じくアセクシュアルを自認している回答で「他の人と性行為をしようと思うことがあるか」という質問では、ないが76.1%、あまりないが15.5%でした。[*2] 10ポイントほど後者の質問の方が「ない＋あまりない」の割合が高いため、よりアセクシュアルを自認している人を包摂するためには、後者を定義とした方がいいのかもしれません。ただ、「他の人を性的な意味で魅力的だと思うか」という質問に思う、やや思う、どちらでもないを選択した回答に、「性的に魅力的だと思う人と性的な行為をしたいと思うか」を聞いたところ、アセクシュアルを自認している場合、思うが1.9%、やや思うが4.7%でした。これをアセクシュアルを自認している回答全体で集計すると、「性的な

＊1　アセクシュアルの文脈ではない場合、性的惹かれを特定の人によって性的欲求や性的興奮がかき立てられ、その人に強い関心を向けることという意味で使うこともあります。例えば、Mardell, A. 2016, *The ABC's of LGBT+*, Florida: Mango.（アシュリー・マーデル著，須川綾子訳，2017，『13歳から知っておきたいLGBT+』ダイヤモンド社．のp.138を参照）

＊2　「他の人と性行為をしようと思う」という表現は、「性的な関係を持ちたいと思う」と厳密には異なります。「しようと思う」は「したい（持ちたい）」に比べて、自分から欲しているニュアンスが弱いと受け止められるかもしれません。したがって、ここで紹介している数値は、性的な関係を持ちたいか否かという質問をした場合に比べて、より肯定的な割合が高くなっている可能性があります。

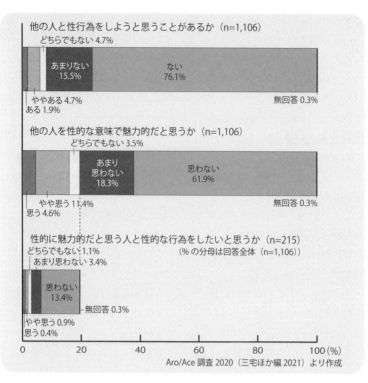

他の人と性行為をしようと思うことがあるか（n=1,106）

どちらでもない 4.7%

あまりない
15.5%

ない
76.1%

ややある 4.7%
ある 1.9%

無回答 0.3%

他の人を性的な意味で魅力的だと思うか（n=1,106）

どちらでもない 3.5%

あまり
思わない
18.3%

思わない
61.9%

やや思う 11.4%
思う 4.6%

無回答 0.3%

性的に魅力的だと思う人と性的な行為をしたいと思うか（n=215）

どちらでもない 1.1%　　　　　　　（% の分母は回答全体（n=1,106））

あまり思わない 3.4%

思わない
13.4%

無回答 0.3%

やや思う 0.9%
思う 0.4%

0　　　　　20　　　　　40　　　　　60　　　　　80　　　　100（%）

Aro/Ace 調査 2020（三宅ほか編 2021）より作成

意味で魅力を感じ、その人と性的な行為をしたいと思う」割合は、思う0.4%、やや思う0.9％になります（三宅ほか編 2020）。つまり、包括的な定義を目指すのであれば、性的惹かれを広く捉える方が望ましいといえます。また、性的惹かれを他の人との性行為をしたいと思うことと単純に同じと定義してしまうと、「性的に惹かれるが、その感情を返してほしいとは感じない、または性的な関係になることにこだわらない」リスセクシュアルのあり方をうまく捉えきれなくなるかもしれません。

　以上の議論から、本書では性的惹かれを「他の人に性的な魅力を感じる／性的な関係を持ちたい（性行為をしたい）と思うこと」と定義づけすることにしました。p.22〈Q. 恋愛感情って何ですか？〉でも述べているように、本書の定義は、主に説明のために設定したものに過ぎず、この定義によって当事者であるか否かを峻別する意図はありません。AVEN はアセクシュ

アルのコミュニティ以外に対しては、アセクシュアルを「性的に惹かれない」と説明する一方で、コミュニティ向け、つまり当事者に対しては「自らをアセクシュアルと呼ぶ人がアセクシュアルである」というように使い分けをしているといわれています（三宅 2017）。本書もそれにならい、説明のための定義をする一方で、自認は個人に委ねられるものだと考えます。

用語をどう選ぶか

　本書をここまで読まれた方は、実にたくさんの用語があることがわかったと思います。それは、英語圏から紹介されたさまざまな概念と元から日本にあった概念などが混在しながら、日本の Aro/Ace のコミュニティが発展してきたからだと考えられます。そして、それぞれの用語の使い方は Aro/Ace 当事者によってさまざまです。例えば、アセクシュアル当事者が自分のセクシュアリティを「性愛感情」や「性的惹かれ」という言葉を使わずに、「性的魅力を感じない」、「性的な関心がない」、「性的欲求を抱かない」、「性欲がない」などの言葉で表現することもあります。そしてそれらの説明が間違っているというわけでもありません。さまざまな説明があって当然です。

　日本でも「性的惹かれ」を使うメリットがあるとすれば、ある種の専門用語として使えることだと思います。性的欲求や性欲という言葉は日本でよく使われる言葉ですので、説明としてはこちらの方がわかりやすいというメリットがあります。しかし、その言葉自体に自慰行為も含めた性的な行為への欲求というイメージがあると、性欲がある Aro/Ace を無視した Aro/Ace のイメージが作られる恐れがあります（詳しくは p.36〈Q. 性欲って何ですか？〉を参照）。「性的惹かれ」は一般の人にはピンとこないので、「性的惹かれとは○○で、□□とは異なる」というような説明をしやすくなります。「性愛感情」はその点で、性欲と性的欲求よりも日常用語として使われる機会が少ないので、性的惹かれの議論を活かしながら使える概念かもしれません。

　以上、性的惹かれの定義に関する議論と用語の選択について簡単に紹介しました。実際にはここで触れられなかった議論もありますが、重要なことは、どの言葉をどのような意味で使うべきかということは単純に答えが

出るものではないということです。あなたがAro/Aceやそれに関連する用語を使う際、または見聞きする際、どの言葉がどのように使われているかにも意識を向けてくだされば幸いです。その時に、本書がその理解の一助になれば光栄です。

（三宅大二郎）

Q 性欲って何ですか？

A 広い意味で使われがちですが、
捉え方にはグラデーションがあります。
細かく分けて考えた時に、
性欲とは何か考えてみましょう。

p.28〈Q. 性愛感情って何ですか?〉の例を見ながら考えてみましょう。

お腹がすく
↓
ムラムラする、体が
性的な刺激を欲する

美味しそうだと思う
↓
ある人を見て性的な
意味で素敵だと思う

唾液が分泌される
↓
性的に興奮し、
体が反応する

それを食べたいと思う
↓
その相手と
性行為をしたいと思う

食べる
↓
性行為をする

　Aro/Ace のコミュニティでは、性欲は最初の「ムラムラする、体が性的な刺激を欲する」に近いと感じている人が多いかもしれません。

　ただし、性欲も人によって捉え方が違うため、生理現象と捉える人もいれば、「ある人を見て性的な意味で素敵だと思う」、「その相手と性行為をしたいと思う」とセットで感じるという人もいます。

　性欲ってよく聞く言葉ではあると思うのですが、本当はかなりグラデーションがあるということですね。

　もう一つ注意したいポイントとしては「性欲があるかないか」と「性的に惹かれるかどうか」に直接的な関係はないということです。

　実際に Aro/Ace 調査 2022 では、アセクシュアル自認の 70% 弱が性欲があると「思う」「やや思う」と答えています。(三宅ほか編 2023)。

　「性欲があるなら、性的に惹かれる」は実は違うわけですね。

One more thing...

性欲・自慰行為と Aro/Ace

　性欲に関する議論は、Aro/Ace ないしアセクシュアルのコミュニティで盛んにおこなわれてきたものの一つです。英語圏では、sex drive(s) や libido と呼ばれ、専門的には性欲動と訳されることが多いです。日本語の性欲は、一般的に使われるものから専門用語までかなり幅広いので、本書では sex drive(s) や libido の意味で性欲（動）を議論します。

　英語圏で現在に近い用法でアセクシュアルという言葉が使われ始めたのは、2000 年前後だったといわれています。そのころから性的惹かれという言葉は使われていたものの、現在ほどアセクシュアルの定義がきちんと整理されていたわけではありませんでした。[*1] そして、インターネットを中心に当事者コミュニティが広がっていく中で、定義に関する議論が増えていったといわれています。その中でも象徴的だったのが、自慰行為をするアセクシュアルの存在です。はじめは自慰行為がアセクシュアルと矛盾するという意見もあったようですが、議論が重ねられた結果、自慰行為は「他者に向かない性欲動（undirected sex drives）」と関連するもので（Hinderliter 2013）、他者に向かう性的惹かれとは異なるものだと解釈されるようになったといいます。Aro/Ace 調査 2020 でも一定の頻度で自慰行為をするアセクシュアルは 7 割以上になるという結果が出ており（三宅ほか編 2023）、日本でも英語圏と同様の傾向があるのかもしれません。また、同じ調査で自慰行為をしている、またはしていた理由を複数回答で聞いたところ、もっとも多かった回答が「性的な快感のため」（53.4%）でした。前のページの性欲があると思うアセクシュアルの割合と照らし合わせて考えると、日本でも自慰行為と性欲（動）がアセクシュアルと矛盾しないも

＊1　アセクシュアルの定義として有名なのは、AVEN の「性的惹かれを経験しない人（An asexual person does not experience sexual attraction）」です（AVEN 2023: Para. 1）。しかしながら、現在でも sexual desire（性的欲望／性的欲求）など、別の概念が定義に使われることがあります。

のであると理解されていることが推測されます。なお、Aro/Ace調査2022
で、自認後に性的に惹かれた相手の性別を聞いたところ、アセクシュアル
では「男女どちらにも性的に惹（ひ）かれたことがない」という回答が
79.0％という結果でした。性欲と性的に惹かれることはやはり分けて捉え
た方が適切だといえるでしょう。

　最後に、本書はAro/Aceに関する素朴な疑問に答えていく趣旨の書籍で
すので性欲についても進んで取り上げていますが、実際の場面で興味本位
で聞くのは注意が必要です。一般的に、人に「性欲の処理はどうするんで
すか？」とは聞かないと思います。しかし、Aro/Aceの話になると、興味
本位で質問してしまう人もいるようです（実際にそういう経験を話す当事
者がいます）。性に関する議論は重要ですが、その場にいる人が性について
議論をする前提でいること、お互いが安心してその場にいられるような
ルール（個人的な経験は聞かないようにするなど）を設ける必要がありま
す。そして、当たり前のことですが、Aro/Ace当事者でなくても性の話を
したくない人がいますので十分に注意しましょう。

（三宅大二郎）

Q どれくらいいますか？

A 人口の 1%ほどだといわれています。
しかし、大切なことは人数の多さでは
なく、実際に「いる」ということです。

　さまざまな調査の結果から、<u>人口の 1％前後がアセクシュアル</u>だといわれています。

日本全国を対象とした調査（釜野ほか 2023）

アセクシュアル・無性愛者	0.9％
ゲイ・レズビアン・同性愛者	0.4％
バイセクシュアル・両性愛者	1.8％

大阪市でおこなわれた調査（釜野ほか 2019）

アセクシュアル・無性愛者	0.8％
ゲイ・レズビアン・同性愛者	0.7％
バイセクシュアル・両性愛者	1.4％

埼玉県でおこなわれた調査（埼玉県 2021）

アセクシュアル・無性愛者	0.7％
ゲイ・レズビアン・同性愛者	0.3％
バイセクシュアル・両性愛者	1.6％

　この数値を見て、「思いのほかいるんだなぁ」と感じた人もいるかもしれませんし、「少数派なんだな」と思った方もいるかもしれません。しかし、ここで重要なのは多いか少ないかということではありません。<u>確実に「いる」という事実</u>です。

　人数が多いと注目されやすいという面もあるかもしれませんが、少ないから無視していいというわけではありません。少ないとされる人数であったとしても、一人ひとりの人生があり、その一人ひとりが尊重される社会でないといけません。それに、「Aro/Ace 当事者の悩み」としてよく話されていることは、Aro/Ace 当事者ではない人でも悩むことがあります。（p.62〈Q. 将来が不安なんですが…〉や、p.70〈Q. 当事者はどんなことに困っていますか？〉もぜひご覧ください。）

　だからこそ、「思っているよりも人数がいるから Aro/Ace について取り組もう」と考えるのではなく、一人ひとりが自分らしく生きられる社会にするために、今後取り組むべきことは何なのかを社会全体で考えていくことが必要です。

One more thing...

「いる」ことを見えるようにするための調査

　「どれくらいいるの？」この質問はシンプルなようでいて、正確に答えようとすると奥が深いものです。この質問に答える上で、「だれに・なにを・どのように」聞くかということを考える必要があります。先に紹介した調査では、日本全国／大阪市／埼玉県に住んでいる人の中からからランダムに選んだ人に（誰に）、回答者の性的指向などを（何を）、質問票を郵送して回答してもらう（どのように）形で調べています。これらのどれかが異なると結果も変わります。例えば、大阪市の調査では、回答者の性的指向は「アセクシュアル・無性愛者」が0.8％でしたが、「性的に惹かれる相手」についてこれまでの経験を聞くと、「男女どちらにも惹かれたことがない」という人が1.5％いました。このように、同じ調査でもなにを聞くかによって数値は変わります。これはどれが正しいか否かという話ではなく、数値がどのように調査されたのかをよく知る必要があるということです。

　そして、もう一つこのような調査に関連して知っておいてほしいことがあります。それはここで紹介したような数値は（当たり前ですが）自然に出てきたわけではないということです。調査者がアセクシュアルについて知らないか、知っていても「あまりいないから別にやらなくていいんじゃない」と思えば、調査票の選択肢に「アセクシュアル・無性愛者」は入れてもらえません。そうなると、Aro/Ace はおろか、一番認知度が高いと思われるアセクシュアルでさえ「いない」ことになってしまいます。実際、アメリカ合衆国をはじめ多くの国でおこなわれている調査では、Aro/Ace に関連する質問や選択肢がないために、その社会で Aro/Ace がどれくらいいるかを議論することが難しい現状があります。本書で多いか少ないかは重要ではないといいながら、このトピックを取り上げるのは、「いる」ということさえ見えないという問題があるからです。「いる」ことを見えるようにする方法はいろいろありますが、調査はその中の重要な取り組みの一つといえるでしょう。

　「どれくらいいるの？」について考えたことがある方は、ぜひその数値だけに注目するのではなく、私たちは「何のために調べ、どのように利用するか」についても考えてほしいと思います。

（三宅大二郎）

第2章

●

当事者、または
そうかもしれないと思う方へ

Q 何を根拠に
自認したらいいですか？

A Aro/Ace であるということがしっくり
きている、自認することで生きやすく
なるのであれば、根拠は必要ありません。

　結論から言うと、正直何も根拠にできるものはありません。
　というより、<u>本来なら根拠なんて求められなくていい</u>はずです。

　実際、恋愛／性愛感情を抱く人に、そう思う理由は何ですか？その根拠は何ですか？と聞いても、全員から同じ答えは返ってこないのではないでしょうか。
　でも、それを考えずにいられるのは、「それが多数派とされていて、根拠を求められることがないから」という理由だと思います。

　じゃあ、少数派だからといって、根拠を求められなければいけないのかというと絶対に違いますよね。
　ある程度、明確な理由があっても、なんとなくでも、今とりあえず近いと感じているからでも、何でもいいはずなんです。
　根拠、根拠と周りから言われると根拠がないと自認したらダメなように思えたりするかもしれませんが、そういったものはなくても自由に自認していいんです。

　今、Aro/Ace を自認している人も、はっきりと自認している人ばかりではありません。

　例えば、Aro/Ace 調査 2022 では、自認の強さを聞いたところ以下のような結果でした（三宅ほか編 2023）。自認している人を中心に聞いている調査ですが、それでも人によることがわかると思います。

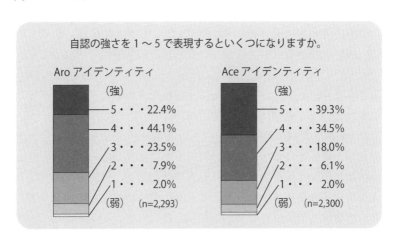

自認の強さを 1 〜 5 で表現するといくつになりますか。

Aro アイデンティティ
（強）
5・・・22.4%
4・・・44.1%
3・・・23.5%
2・・・7.9%
1・・・2.0%
（弱）　（n=2,293）

Ace アイデンティティ
（強）
5・・・39.3%
4・・・34.5%
3・・・18.0%
2・・・6.1%
1・・・2.0%
（弱）　（n=2,300）

　また、今後自認が変わる可能性を聞いた結果が以下の通りです。変わる可能性があっても、自認して問題ないのです。

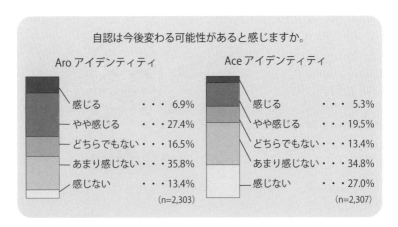

自認は今後変わる可能性があると感じますか。

Aro アイデンティティ
感じる　　　・・・6.9%
やや感じる　・・・27.4%
どちらでもない・・・16.5%
あまり感じない・・・35.8%
感じない　　・・・13.4%
（n=2,303）

Ace アイデンティティ
感じる　　　・・・5.3%
やや感じる　・・・19.5%
どちらでもない・・・13.4%
あまり感じない・・・34.8%
感じない　　・・・27.0%
（n=2,307）

　最近では、「診断サービス」という、簡単な質問に答えるとセクシュアリティを「診断」してくれるインターネットのサービスがあります。

　使ってみるのもいいかもしれませんが、あくまで参考程度にすることをおすすめします。セクシュアリティは診断できるものではありませんし、どのアイデンティティを自認するかはあなたの自由だからです。

　あなたの知らないアイデンティティを提示してくれることもあるので、セクシュアリティをより深く知るきっかけとして使ってもいいかもしれません。

　根拠がなくて不安という方は、自分の中で仮の根拠を作ってしまってもいいかもしれません。恋愛や性愛の定義というものを仮で作ってみて、「それが私にはあてはまらないと思うから私のアイデンティティは○○だ」もしくは「過去の感情や未来のことはわからないけど、今はない」という自分の中の根拠というものを持っているだけでも、少し気持ちが楽になると思います。

One more thing...

Aro/Ace を理解可能にする

　哲学者でフェミニズムの研究をしているジュディス・バトラーは、セックス（性別）・ジェンダー・欲望がそれぞれ男／女と異性愛という枠組みで結ばれ、それ以外のアイデンティティは存在できなくされていると指摘しました。そして、それを存在できるようにするには、理解可能な形で記述しなおしていく必要があるとしました（Butler 1990=1999）。この議論はAro/Aceを念頭に置いたものではありませんが、同性愛などと同じく、Aro/Aceもこのような理由で認識されづらいのだと思われます。そして、それを変えていくためには、説明可能な形でアイデンティティを作り上げていく必要性が示唆されています。アセクシュアルを研究しているC・D・チェイスンも、アセクシュアルは自分たちに受容的でない文化の中で、「アセクシュアルであることを理解可能にする（making sense out of being asexual）」ために、コミュニティを形成し、言葉と言説を生み出しながら、自分たちの存在を構築していると説明します（Chasin 2014: 168）。

　このように、なぜAro/Aceであることに根拠を求められるかといえば、マジョリティの世界では理解不可能なあり方だからといえます。そして、これは異性愛以外のセクシュアリティも同様です。しかし、同性愛に根拠を求められることはおそらく減っていると思われます。それは、ここでの議論によれば、同性愛の当事者たちがアイデンティティを構築し、理解可能な形で説明を根気強くおこなってきたからだと思います。そして、Aro/Aceもすでにそのプロセスを進めていると考えられます。このように本を出しているのもその一環といえるでしょう。

　しかし、このようなプロセスは、一人ひとりの当事者が常に根気強く説明をしたり、根拠を探したりすることを当然視するものではありません。常に説明を求められるマイノリティの立場性の問題もとても重要だからです。社会を変えるには、おそらく声をあげる必要がありますが、全員がそれに取り組みたいとは思っていませんし、取り組みたいと思っている人で

さえ常にそれができるわけではないでしょう。相手に理解してもらうために、常に丁寧に説明する必要はありませんし、ましてや自認に根拠は必要ありません。社会に声を届ける際の作戦として根拠や理屈を用意するのと、個人が生活していく時に何が必要かということは別のものです。個人が生活する上で考えるべきことは、自分がどうしたら生きやすいかだと思います。それでまったく問題ありません。自認に根拠が必要ではないかと悩む方にこのメッセージが届くことを期待します。

（三宅大二郎）

Q 「自分は何かおかしいのかな？」
と悩んでしまいます…

A 恋愛／性愛感情を抱かない人は
あなたの他にもいます。
おかしいのはあなた自身ではなく、
あなたにそう思わせてしまう
社会や環境です。

　セクシュアリティに悩む人の中で、自分がおかしいのかと考えてしまう人も少なくありません。

　まず、あなたはまったくおかしくありません。
　あなたがどのようなセクシュアリティであっても、決しておかしくありません。

　むしろ、これは社会の問題なのです。
　自分自身に問題があるかのように感じさせる環境がおかしいのです。

　他の人があなたのセクシュアリティに対して、原因を探ってきたり、勝手な思い込みで的外れなことを言ってきたりすることがあるかもしれません。
　第1部の第4章〈気になるけど聞けない「これってどうなの？」〉ではまさにそのような質問を集めました。
　この本ではそれら一つひとつに、それらの質問をすることがなぜ問題なのかを説明しています。

　そのような質問をあえて紹介するのは、Aro/Ace当事者に「気にしないで」というメッセージを送りたかったからです。
　もしあなたがこれらの言葉を言われても、「これは私の問題じゃないんだ。そう考える側の問題なんだ」と思えれば、多少気が軽くなるのではないかと思ったからです。
　（偏見からくる質問ばかりなので、読まなくてもまったく問題はありません。）

　ただ、悩みがすぐにすべてなくなるわけでもないと思います。

　その際は他の方法も試してみてください。何か気づきがあったり、自分のことを整理できたりするかもしれません。

Aro/Ace 当事者が集まる
交流会に参加してみる
（オンライン、オフライン）

SNS やブログで他の Aro/Ace
当事者の経験を調べてみる
（第 2 部の Aro/Ace 当事者による
お話し会もよかったらご覧ください）

Aro/Ace に関する
他の書籍を読んでみる

Aro/Ace が登場する
作品を見てみる

　そして、Aro/Aceやセクシュアリティの話から一度離れることも一つの方法です。

　自分の気持ちを最優先に考えてみてください。

　あなたの悩みが少しでも小さくなることを祈っています。

コラム………………………………………

相談窓口が少ない？

　2024年現在、LGBTを含む性的マイノリティ向けの相談窓口が整備されつつあります。しかし、それらの窓口に寄せられる主な相談は性別違和や同性愛が想定されており、Aro/Aceの相談について明記している窓口は少ないのが現状です。（窓口によってはLGBTの説明の補足として、「恋愛をしない」「性的関心がない」人もいると書いている場合はあります。）

　そのため、相談のニーズに比べて実際に寄せられる相談件数は少ないと考えられます。事例が少ないと、対応の方法論が確立しづらいので、相談内容として明記するのが難しいという悪循環になってしまっている可能性があります。

　また、一般的にAro/Aceに関する情報は不足していますので、固有の相談ニーズがあると認識されていないことも考えられます。自認の難しさ（p.46〈Q. 何を根拠に自認したらいいですか？〉）やロールモデルが少ないこと（p.62〈Q. 将来が不安なんですが…〉）は、他のセクシュアリティと共通している部分もあれば、Aro/Aceの知名度の低さなどから困難のあり方が異なる部分もあります。しかし、国内のLGBTQ支援に関する書籍などでも多くはAro/Aceについては取り上げていないため、固有のニーズについて相談員が知る機会が少ないのが現状です。

　さらに、恋愛と性愛を分ける考え方など基礎的な知識や、Aro/Ace当事者の経験（p.70〈Q. 当事者はどんなことに困っていますか？〉）についても知られていないので、相談員がAro/Ace当事者の話を十分に理解するための環境が整えられていないと考えられます。

　以上のような背景から、交流会などの居場所（p.200）の役割が重要になっていますが、Aro/Ace当事者が頼れるリソースを増やすために相談窓口を拡充していく必要があります。

　本書で紹介している知識や事例が、相談支援体制の整備の手助けとなることを期待します。

（三宅大二郎）

Q 周囲の人に
どう伝えたらいいですか？

A 自分の思いや、なぜその人に伝えたい
かを考えてみましょう。
具体的な要望があれば、それを伝えて
みてもいいかもしれません。

　周囲の人への伝え方、とても悩みますよね。

　はじめに、「自分は〇〇というセクシュアリティを自認している」と周囲の人に伝える（カミングアウトといいます）かどうかは、あなたの自由です。

　必ず伝えないといけないわけではありませんし、「何かを隠している気がする」と感じる方もいますが、隠し事を一切していない人なんてめったにいません。そもそも、あなたが隠しているのではなく、周りがあなたのことを「（異）性愛者である」と思い込んでいる場合が多いです。気にしなくて大丈夫です。

　その上で、やはり周囲の人に伝えたいと思う、カミングアウトについてもっと考えたいという方はぜひ読み進めてください。

　この本では、大事なポイントを２つお伝えします。

　１つ目が、
・そもそもその人に伝えたいと思うか
・どんな目的で言いたいのか
を自分の中で改めて確認するということです。

　カミングアウトは、自分にとっていいこともあれば、傷つく一言を言われたりするなどネガティブなことが起こることもあります。

　だからこそ、その人に話したいと思う理由を自分の中で整理しておくと、相手に伝える時もすっきりとした状態で伝えられるのかなと思います。

その人の前ではありのままでいたいから

接し方を変えてほしいから

何か具体的にお願いしたいことがあるから

　伝え方も、目的に合わせて変えられるといいでしょう。

　具体的にお願いしたいことがあるのであれば、「これとこれに気をつけてもらえると嬉しい／こういう話が苦手、モヤモヤする、この行為をしたくない」というように伝えると、相手もどうすればいいわかると思います。普段通り接してほしいということであれば、そのように伝え、「接し方に戸惑うことがあったらいつでも言ってね」と添えれば、相手も安心するのではないでしょうか。

　2つ目が、Aro/Ace に関する映像や書籍などの作品を紹介することです。

　この本を出版する段階で、少しずつ Aro/Ace に関する作品は増えてきているので、そういった作品をうまく使ってカミングアウトする人も多くなってきています。

　例えば、話をする前に Aro/Ace に関する作品を見てもらって、「自分はこの登場人物に近いんだ」と伝えてみたり 、カミングアウトした後に参考として Aro/Ace に関する作品を紹介するというのもいいと思います。

　（その際、もしよかったらこの『いちばんやさしいアロマンティックやアセクシュアルのこと』も紹介してくれたら嬉しいです笑）

　そして、ここまでカミングアウトをする際のポイントを紹介しましたが、当事者に話を聞くと、伝える前に相手の様子をみるという方が多いようです。

　例えば、以下のようなことを言ってみて、あなたがもやっとするような反応が返ってくるのか、共感してくれるのか、共感はしなくても受け止めてくれるのか、試してもいいのではないでしょうか。

恋バナとかよくわからないし、苦手	性行為をしたくない／しても辛いだけ	恋人や結婚を望んでいない
恋人に性的なことを求められて嫌だった	恋愛や性的なことに興味がない	

　2つ目のポイントについても、自分のことを伝える時ではなく、様子見のために話題をふってみるのもいいかもしれません。「この前こういう作品見たんだけど、知ってる？」のような形であれば、比較的話を切り出しやすいと思います。

　そして、カミングアウトは伝えたら終わりというようなものではありません。
　伝える前は緊張してその先のことを考えにくいかもしれませんが、カミングアウトは長いスパンで考え、伝えたあとの関係性も考えた方がいいでしょう。
　自分の気持ちを伝えることも大事なことですが、その人とどのような関係性を作りたいのかということもぜひ意識してみてください。

　カミングアウトの方法に正解はありませんが、他の Aro/Ace 当事者の経験談を参考にすると、いろいろなアイデアが見つかるかもしれません。
　そして、カミングアウトしようか迷っているあなたの周りにも、同じように悩んでいる人がいるかもしれないことを覚えておいてくださいね。

One more thing...

カミングアウトがカミングアウトにならない？

　Aro/Ace のカミングアウトを考える上で特徴的なのが、認知度の低さからくる伝わりにくさです。p.104〈Q. まだ運命の人に出会っていないだけじゃないですか？〉でも紹介していますが、アセクシュアル当事者が周囲の人に自分のセクシュアリティを伝えた際に、「まだ良い人に出会っていないだけ」というようなことを言われ、自身のアイデンティティを否定されることがあるといいます。この研究結果を発表したフェミニズムを研究するクリスティーナ・グプタは、このような現象を「認識の権限（epistemic authority）の否定」と表現しています（Gupta 2017: 993）。つまり、当事者が Aro/Ace であると自己認識する権限そのものが否定されているのです。また、認知度が低いことで、否定はされなくても、アロマンティックをカミングアウトしたのに「わかった。恋人はつくるんだよね？」というように、そもそも理解されないこともあります。そのため、理解してもらうためには Aro/Ace に関する知識をしっかりと学び、説明できるようになることが求められることがあります。レズビアン、ゲイ、バイセクシュアルなどのセクシュアリティと比べてリソースが少ない Aro/Ace にとって、それはとても困難なことです。

　一方で、前のページで紹介したような、様子をみる方法はこの認知度の低さを利用しているともいえます。同性愛のようにある程度認知されているセクシュアリティだと、様子見のための言葉が制限されます。言い方によっては伝わってしまい、カミングアウトになってしまうからです。例えば、前のページの言葉を、仮にレズビアンの人の場合に単純に変換してみましょう。

「恋バナとかよくわからないし、苦手」→「異性との恋愛に興味ないんだ」
「恋人や結婚を望んでいない」　　　→「彼女がほしい」
「恋人に性的なことを求められて嫌だった」
　　　　　　　　　　　　　　　→「彼女とのセックスに悩んでて」

　このように、単純に変換すると直接的すぎてしまいます。それを避ける
には、遠まわしの表現にする必要がありますが、それをしすぎると今度は
反応をみたい内容から離れてしまい、あまり意味がなくなる可能性があり
ます。

　このように、Aro/Ace のカミングアウトの困難性をつくりだしている認
知度の低さは、両義的な面があります。ただ、少なくない数の Aro/Ace 当
事者がカミングアウトに悩み、苦労しているのは事実です。認知度は時代
とともに変化していきますので、今後はどのようになるかまったくわかり
ません。もし状況が変わったら、その時は本書が改訂版を出すべきタイミ
ングだと思います。もし改訂版が出版できたら、カミングアウトに関する
解説をぜひ読み比べてみてください。

（三宅大二郎）

Q 将来が不安なんですが…

A いろいろな生き方があるので、まずはその幅を広げてみましょう。
自分のライフスタイルが見えてきた人は、その準備を始めてみるといいと思います。

将来に不安を抱える Aro/Ace 当事者は少なくありません。

Aro/Ace のロールモデル(参考になる人)が少ないこと、異性愛者(異性に恋愛的／性的に惹かれる人)の人生プランしか想定されていないことが、その不安をより大きくしていると思います。

では、異性愛者の人生プランとはどんなものでしょうか?

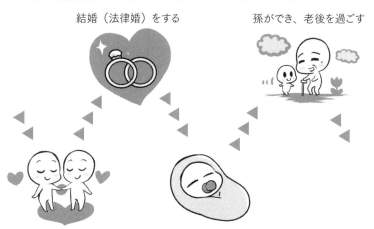

結婚(法律婚)をする

孫ができ、老後を過ごす

(異性の)恋愛的／性的な
パートナーまたは恋人ができる

子どもを育てる

当然のことですが、すべての異性愛者が上のような人生を送っているわけではありませんし、そのような人生を望んでいるわけでもありません。

あくまでイメージされやすい人生プランでしかありません。

あなたはどんな人生を望みますか?
重要なのはそこだと思います。

でも、ロールモデルが少ない中で、それを考えるのは難しいことだと思います。

　そこで、いろいろな人の生き方を知り、それから考えてみるというのはいかがでしょうか？

・一人暮らしをする
・単身者向けマンションを購入する

・ペットと一緒に暮らす
・友人の子育てを手伝う

・友情結婚（恋愛・性愛関係のない結婚）をする
・住んでいる地域の介護、福祉サービスを利用する
・民間の高齢者サポートサービスを利用する[*1]

・信頼できる友人と定期的に会う
・恋愛的でも性的でもないパートナーを見つける
・友人とルームシェアをする
・複数人で助け合う約束をする

　ここでは書ききれないぐらいの生き方があります。Aro/Aceであるかどうかにかかわらず、生き方はさまざまです。

　自分に合った生き方を探していく中で、また将来やその不安について考えてみるのはどうでしょうか。

　他のAro/Ace当事者のことをもっと知りたいという方は、この本の第2部のお話し会なども参考にしてみてください。

＊1　日常生活支援、身元保証、死後事務などがあります。
　消費者庁，2018，『『身元保証』や『お亡くなりになられた後』を支援するサービスの契約をお考えのみなさまへ』，（2023年12月1日取得，https://www.caa.go.jp/policies/policy/consumer_policy/caution/caution_018/pdf/caution_018_180905_0001.pdf）.

One more thing...

Aro/Ace とパートナー、結婚

Aro/Ace 当事者が作るパートナー関係は、恋愛的で性的ではない関係や、恋愛的でも性的でもない関係など多様です。ただ、これは他のセクシュアリティでも同様だと思います。ぱっと見で恋愛的／性的な関係に見えても、実際は異なるかもしれません。また、セクシュアリティが近い人同士のパートナー関係もありますが、そうではない人たちもいます。Aro/Ace の場合は当事者が少ないこともあり、後者の方が多いかもしれません。なお、Aro/Ace 以外でも、お互いのセクシュアリティが異なるパートナー関係は少なくないと思われます。

Aro/Ace とパートナー関係を考える上で興味深いのは、自分たちの関係に新しい名前をつけることです。その一つが「クィアプラトニック・パートナー（queerplatonic partner）」です（Chen 2020=2023: 256-258）。これは、恋愛的でも性的でもない関係における絆や重要なつながりがある人を指す言葉として、Aro/Ace コミュニティで使われることがあります。このようなパートナーを「ズッキーニ（zucchini）[*2]」と呼ぶ人もいます（AVENwiki 2020）。これらの言葉は、関係性において恋愛的／性的であることが親密であることの条件にされている社会で、その境界線をゆさぶりながら、お互いの重要性を認め合うために使われています。もちろん、関係性に常に名前が必要なわけではありませんし、名前がない関係性は重要ではないということでもありません。ただ、名前をつけることで、お互いの重要性を再認識しやすかったり、他の人に説明しやすくなったり、重要な関係性は恋愛的／性的な関係ばかりではないことを示すことができるという効用もあります。

そして、もう一つ Aro/Ace とパートナー関係について考える上で重要に

＊1　2010年にインターネット上であるユーザーがクィアプラトニック・パートナーをそう呼びはじめたのが起源だとされています。LGBTQIA+ Wiki, 2022, "Zucchini," (Retrieved December 1, 2023, https://www.lgbtqia.wiki/wiki/Zucchini).

なるのが、結婚（法律婚）です。実際、Aro/Ace 当事者の中には、結婚している人もいます。ただ、結婚はセックスレスが離婚要件になることもあるということからわかるように、性的関係であることが想定されています。また、詳しくはp.96〈Q. みんな恋愛するものじゃないんですか？〉で紹介していますが、恋愛感情のない結婚は正しくないと考える「ロマンティック・マリッジ・イデオロギー」という価値観からは（谷本 2008）、結婚には恋愛的であることも期待されやすいことがわかります。しかしながら、法律婚は恋愛的／性的でなくてもできますので、Aro/Ace にとっても結婚は人生の選択肢の一つです。その点で、Aro/Ace が議論から外されやすいのが、婚姻の平等（同性婚）です。2024年現在の日本社会は、Aro/Ace の視点からすれば、婚姻を結ぶ相手がなぜか戸籍上の性別で制限されている状態です。Aro/Ace がパートナーを望む場合、相手の性別は問わないという方も多いので、戸籍上の異性としか結婚できないのは不自由な制度といえます。Aro/Ace 調査 2022 では、恋愛的でも性的でもない関係のパートナーを望む場合に、相手の性別の希望を聞いています。その結果が以下の通りです（三宅ほか編 2023）。

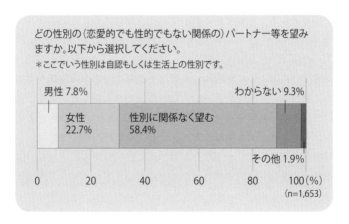

どの性別の（恋愛的でも性的でもない関係の）パートナー等を望みますか。以下から選択してください。
＊ここでいう性別は自認もしくは生活上の性別です。

男性 7.8%　　女性 22.7%　性別に関係なく望む 58.4%　わからない 9.3%　その他 1.9%

（n=1,653）

　このように、多様な関係性が想定される Aro/Ace だからこそ、婚姻の平等が達成された結婚を含む、多様な選択肢が用意されている必要があります。そのため、婚姻の平等の早期実現は Aro/Ace にとっても共通の課題なのです。ただ、その一方で、結婚がこれまで以上に恋愛的／性的なものにならないよう、婚姻の平等を獲得するプロセスにおける結婚というものの語られ方にも注意を払う必要があります。それと同時に、一人で生きること、複数の人との関係性を大切にしながら生きることに対する社会的な保障についても議論していくことが求められます。Aro/Ace であってもなくても、どのような生き方でも、平等な権利が保障される社会が必要です。

（三宅大二郎）

第3章

●

知り合いが当事者、
またはそうかもしれない方へ

Q 当事者はどんなことに
困っていますか？

A 「恋愛／性愛感情を抱くこと」を
前提とした考え方や制度によって
困ることが多いです。

　Aro/Ace調査2022では、Aro/Aceであることで経験した困難について聞いています（複数回答）。その結果が下記のグラフです（三宅ほか編 2023）。

　上位には、不愉快な言葉・質問に関する項目が入り、次に恋人／パートナー、家族、友人など人間関係に関する項目が入っています。その他には、学校、仕事、医療など特定の場面における困難の項目もあります。

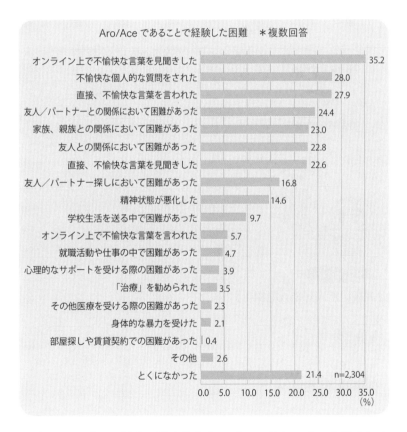

Aro/Aceであることで経験した困難　＊複数回答

項目	%
オンライン上で不愉快な言葉を見聞きした	35.2
不愉快な個人的な質問をされた	28.0
直接、不愉快な言葉を言われた	27.9
友人／パートナーとの関係において困難があった	24.4
家族、親族との関係において困難があった	23.0
友人との関係において困難があった	22.8
直接、不愉快な言葉を見聞きした	22.6
友人／パートナー探しにおいて困難があった	16.8
精神状態が悪化した	14.6
学校生活を送る中で困難があった	9.7
オンライン上で不愉快な言葉を言われた	5.7
就職活動や仕事の中で困難があった	4.7
心理的なサポートを受ける際の困難があった	3.9
「治療」を勧められた	3.5
その他医療を受ける際の困難があった	2.3
身体的な暴力を受けた	2.1
部屋探しや賃貸契約での困難があった	0.4
その他	2.6
とくになかった	21.4

n=2,304

0.0　5.0　10.0　15.0　20.0　25.0　30.0　35.0
(%)

　次のページで、調査に寄せられたエピソードもいくつか紹介します。

【不愉快な言葉・質問】

・「あなたは人間に興味ないもんね」と言われ、自認してから「恋愛・性的惹かれがないからってどうしてそんな冷たい人間のように言われなくてはいけなかったのか」と思った
・誰にも恋愛的に惹かれないと答えたところ、病気だと笑われた
・親しい友人にカムアウト[*1]したが「何かトラウマがあるんじゃないか」と言われた

【恋人／パートナーとの関係】

・相手から向けられる友人以上の気持ちを受けとめることができない
・恋人の望むことに応えることができない
・付き合っていた人がいたが恋愛感情がないのならこの関係は無意味だと言われた

【恋人／パートナー探し】

・付き合う前からノンセク[*2]と伝えるとノンセクとは付き合えないと言われたこと、（パートナー募集の）掲示板の NG 事項としてノンセクが挙げられていること
・恋愛感情のないパートナーを探すのはハードルが高いなと感じている

【家族、友人との人間関係】

・両親にカミングアウトしたら罵倒された
・パートナーと入籍しているので、父親から子を産む事を期待されている
・友人と恋愛話をしていたときに「恋愛したことないよ」と話したら信じてもらえず、嘘つき呼ばわりされた

＊1　カミングアウトと同じ意味で、自分のセクシュアリティやアイデンティティについて、自らの意思で誰かに伝える、公表することです。

＊2　ノンセクはノンセクシュアルの略。ロマンティック・アセクシュアルと同じ意味として使われています。

【学校、仕事、医療など】

・保健の性教育の範囲で「人に恋愛的・性的に惹かれる」事が当たり前だという風に教科書に書いていたり言われたりして、とても苦痛で居心地が悪かった
・就活の際「あなたは今後結婚出産を考えていますか」という質問に対し「全くありません」と言ったところ「あなたは女性として怠けているね」と言われたこと
・心療内科で、鬱チェックのシートに「異性に性的に惹かれるか」という項目があり、Ace であることによって受けた心理的苦痛については話せない、と感じた

　まとめると、さまざまな場面で恋愛／性愛感情を抱くことを当たり前とする考え方があることがわかります。

　恋人／パートナー探しの項目のように、自分が望む関係性をつくることにも難しさがあります。これは民間のサービスだけでなく、社会保障など制度的な問題ともつながりがあると思います（p.62〈Q. 将来が不安なんですが…〉もご覧ください）。

　また、家族とのエピソードのように、家族に自分のセクシュアリティや生き方を理解してもらえずに困っている人もいます。とくに結婚や子どもに関する家族からの期待が、Aro/Ace 当事者の悩みの種になっています。

　以上の<u>困難は、Aro/Ace の認知度が低いことと、恋愛的／性的に惹かれることを当たり前とする考え方や制度が関係しており、Aro/Ace に関する情報を伝えながら、同時にその価値観を見直すことが必要です。</u>この本が少しでも力になれば嬉しいです。

One more thing...

望まない性行為とジェンダー

　研究者のクリスティーナ・グプタはインタビュー調査の結果から、アセクシュアルが病理化、孤立感、望まない性行為と関係性のトラブル、認識の権限の否定という4つの困難を抱えるとまとめています（Gupta 2017）。孤立感とは、デートや性行為などへの興味を欠いていることによって、社会から孤立しているように感じることを指します。ここでは主に、望まない性行為と関係性のトラブルについて述べますが、病理化と認識の権限の否定についてはほかのページで触れている部分がありますのでご覧ください。

　病理化：p.126〈コラム　アセクシュアルの病理化〉
　認識の権限の否定：p.56〈Q. 周囲の人にどう伝えたらいいですか？〉

　恋愛関係など、親密な関係性は往々にして性的な期待が持たれやすく、性行為をしないことで関係性のトラブルに発展することがあります。Aro/Ace調査2022では、まさにそのような事例も報告されています。

・恋愛関係と性的関係が常にセットで語られるため、性的関係のみ拒絶すると恋愛関係まで拒絶していると見なされ、あなたのそれは本当の好きじゃないと言われた
・セックスレスからの離婚問題になった

　また、合意のもとではあるものの、関係性の中でアセクシュアルが望んでいない性行為をすることもあるといわれています（Gupta 2019）。相手との関係性はわかりませんが、Aro/Ace調査2022でも類似の結果が示されています（三宅ほか編 2023）。

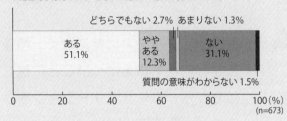

相手に性的に惹(ひ)かれているわけではないが、特定の人からの期待に応えるために、納得した上でその人と性行為をしたことがありますか。
＊この調査では、性的に惹(ひ)かれることを、「他の人に魅力を感じ、その人と性的な行為をしたいと思うこと」という意味で使っています。

どちらでもない 2.7%　あまりない 1.3%

ある 51.1%　やや ある 12.3%　ない 31.1%

質問の意味がわからない 1.5%

(n=673)

　さらに、合意のない性行為を関係性の中で強要されることもあり、クリスティーナ・グプタはそれがアセクシュアルの男性に比べて、女性にそのリスクが高い可能性があることを指摘しています[*2]（Gupta 2019）。

　このように、アセクシュアルないし Aro/Ace の困難を考える上で、性行為と関係性の問題は切り離せません。また、それはほかのセクシュアリティと同じように、ジェンダーによっても経験が異なることが示唆されます。今後はジェンダーと性暴力という広い視野に立ってこの問題に取り組む一方で、Aro/Ace ならではの困難があるのか否かも明らかにしていく必要があると考えられます。

（三宅大二郎）

＊2　グプタはシスジェンダーの女性だけでなく、トランスジェンダーの女性も含めて合意のない性行為を強要されたケースを報告しています。したがって、ここでの議論はシスジェンダーに限るわけではありません。

Q 当事者と接する時に、気をつけた方がいいことはありますか？

A セクシュアリティに関係なく、相手が苦手なことや答えにくいことに気をつけながら、コミュニケーションをとることが大切です。

Aro/Ace も一人ひとり違う人間です。Aro/Ace だからこう対応しよう、ではなく、<u>普段の生活からいろんな人がいることを意識して、コミュニケーションをとることが大切</u>だと思います。

この本を読む中ですべての人が恋愛／性愛感情を抱くわけではないということが伝わったと思います。

そのことから、恋愛／性愛感情を抱くことを前提としたコミュニケーションをとらないように意識することをおすすめします。

例えば、

「なんで恋人作らないの？」→「恋人が欲しいと思うことある？」

「（恋愛的に）どんな人がタイプ？」

　　　　　　　　　　　　→「好きなタイプとかってある？」

などのように言い換えることもできますし、そもそもこのような話題を出さないという選択もできます。

相手がどのような話題に興味があるのか普段の会話から様子をみて、もしあまり話したくなさそうな話題があれば、こちらからはふらないというのはどうでしょうか。

家族に関することなど、他のトピックであればすでにこのような配慮をしている人が多いと思いますので、その配慮を広げていくというイメージです。

そうすることで自分の大切な人を無意識に傷つけてしまう可能性が低くなり、自分にとっても相手にとってもいい関係が築けるはずです。

　接し方に正解はありませんが、言わない方がいい言葉はある程度共通しているかもしれません。詳しくは p.88〈Q. 当事者に言わない方がいいことはありますか？〉をご覧ください。

　まずは相手の話をよく聞いて、理解しようとすることが大事だと思います。
　セクシュアリティに関係なく、コミュニケーションをとる時に意識したいポイントですね。

　そして、これは意識だけでなく、ある程度知識も必要になる部分かと思いますので、だからこそ普段から多様性に関する情報にアンテナを張って、コミュニケーションをとるということが重要なことではないかと思います。

　そして、せっかくこの本をこうやって読んでくださっているので、「こういう本を読んだんだ」とぜひ話してみてください。
　それによって、Aro/Ace ではない人にとっては知るきっかけになりますし、Aro/Ace の人には「関心を持っている人がいるんだ」と応援のメッセージになるかもしれません。
　もちろん、読んだという報告だけではなく、上で言ったようなコミュニケーションを意識しながらというのがポイントです。
　この本を読んでくれただけでとてもありがたいのですが、そこからさらにもう一歩踏み出してくれたら嬉しいです。

はるか

相手を気遣うあまり、コミュニケーションをとらないようになるのが一番もったいない気がします。人間関係に行き違いはつきものなので、お互いに失礼があったら謝るという姿勢が大切だと思います。

> ## Q カミングアウトを受けたら、どうすればいいですか？
>
> ## A 正解はなく、相手との関係性によります。大切なのは丁寧にコミュニケーションをとりながら、お互いにとって心地いい関係を作っていくことだと思います。

　正解はありませんが、アイデアだけここではお伝えします。

①話をじっくり聞く

まずは話を聞きましょう。当事者もカミングアウトに慣れていない場合もあります。話をする中で自分の話したいことがまとまることもありますので、じっくりと話を聞くことが大切です。

②質問する時は、無理に答えなくてもいいことを伝える

話を聞く中で、質問した方がより深く理解できることもあります。ただ、質問する時は、ワンクッション置いてから聞きましょう。
（例）
・「答えなくても大丈夫なんだけど」
・「○○についても聞いてもいいかな？」
そして、もし不快にさせてしまったようであれば心から謝ることが大切です。

③ポジティブな声かけをする

何をポジティブとするかは難しいのですが、話してくれたことへの感謝や相手のことをもっと知りたいという気持ちが伝わると、カミングアウトをした人も安心すると思います。カミングアウトをする人はあなたに伝えるか悩み、決心して話している場合も少なくありません。受け入れてもらえなかったり、ひどいことを言われるかもしれないリスクを背負って話してくれた相手のことを想像しましょう。
（例）
・「話してくれてありがとう」
・「話したいことがあったら、いつでも話してくれたら嬉しい」

④具体的にしてほしいことがあるか聞く

相手によっては、あなたに何かをしてほしいと思っていることがあります。それは、何か困っていることがあってサポートを必要としているのかもしれませんし、接し方を変えてほしいと思っているのかもしれません。ある程度話を聞いたタイミングでそういう話が出なかった時は聞いてみてください。

（例）

・「何か私にできることはあるかな？」

・「何か普段から気をつけた方がいいことはあるかな？」

⑤他の人に勝手に伝えないことを約束する

相手が話したことを無断で他の人には話さないでください。相手の許可なく、その人のセクシュアリティを他の人に話すことを「アウティング」といいます。

それがその人のためだと思っても、勝手に伝えてはいけません。

　「このことは勝手に他の人に伝えないようにするね」と言ってもらえると、カミングアウトをした人も安心すると思います。なお、④で具体的なサポートを求められて、他の人に話す必要がある場合は、本人に言ってもらうか、本人の許可をとりましょう。

　ただ、すでにお伝えしたように、<u>カミングアウトを受けた時の反応に正解はなく、相手との関係性によります。</u>

　そのため、うまくいくこともあれば、うまくいかないこともあります。

　p.56〈Q. 周囲の人にどう伝えたらいいですか？〉で当事者向けにも書きましたが、カミングアウトはしたら終わりではありません。相手のことを知り、傷つけてしまったら謝る、を繰り返していくしかありません。

　丁寧にコミュニケーションをとりながら、お互いにとって心地いい関係性をつくっていけるといいと思います。

Q 当事者を好きになったのですが、
どうしたらいいですか？

A あなたと相手でコミュニケーションを
とりながら考えていくといいと思いま
す。

人のセクシュアリティは多様で、考え方や生き方はさらに多様です。
　そのため、Aro/Ace 当事者を好きになった場合も、どうするかは
あなたと相手次第だと思います。
　どのような関係性になるかはわかりません。

　ただ、相手も自分も「尊重」される関係性をつくるために、まず
は次の２点を試してみてください。

①あなたの「好き」を別の言葉で分解してみる
　「好き」といっても、その中身は人によって違うと思います。
　まずは、あなたの「好き」を分解して考えてみましょう。

・あなたにとっての「好き」とはどのような感情ですか？
・あなたはその人と何をしたいですか？
・あなたはその人とどのような関係を作りたいですか？

②「好き」の中に思い込みがあるか考えてみる
　「好き」を分解したら、それらの中に思い込みがないか考えてみ
ましょう。

（例）
・好きだから、付き合いたい
・好きだから、性行為をしたい
・好きだから、結婚をしたい

　これらは「好き」とつなげて考えがちですが、実はそれぞれ別の
ものです。
　改めて考えてみると、本当に自分が望んでいるわけではないけれ
ど、そのようなイメージがいつの間にか自分の中にできていたとい
うこともあるかもしれません。

　そして、例えば「付き合いたい」といっても、その中身は人によって違いますので、また分解して考えてみましょう。

　①と②を交互に考えることで、あなたがどのような気持ちを相手に向けていて、どうしたいのかが見えてくると思います。

　上の2点を試すにあたって、右ページのようなシートが役に立つかもしれません。このシートはもともと、パートナー関係にある人たちがお互いの価値観をすり合わせるために使うものですが、自分の価値観を考える時にも便利だと思います。

　以上のように、自分の「好き」という思いを改めて考えてみると、思い込みも含めて自分の気持ちや考え方が整理されてくると思います。

　「尊重」は相手のことを理解することが大切な一方で、自分のことを理解していないと難しいものです。

　そのため、自分が何を望んでいるかをはっきりとさせてから、相手と向き合う方がいいと思います。

　その際、次の点もぜひ意識してみましょう。
・相手が何を望んでいて、何を望んでいないかを知る努力をする
・お互いのセクシュアリティを肯定する
・多様な受け止め方があることを理解する（例：恋愛感情を向けられることは嬉しい／喜ばしいとは限らない）

　その中で、恋愛とは別の関係性を探る、距離を取ることなども含めて、多様な選択肢があることを意識しながら、どうしたら相手と自分を「尊重」することができるのか考えてみましょう。まずは自身の気持ちの整理から丁寧に取り組んでみることをおすすめします。

　右ページのシートをご利用になりたい方は、右の二次元コードからアクセスしてください。

価値観すり合わせシート
（記入例）

①連絡頻度

毎日何かしら連絡したい。スタンプだけでもいいから反応してほしい。

②会う頻度

基本的に週 1 回くらい？無理はしない。

③スキンシップ (手をつなぐ、ハグ、キス、性行為、…)

ハグはいいけどそれ以外は NG!

④イベントや記念日

お互いの誕生日はお祝いしたいけどあとは合わせます。

⑤一緒に住むこと

興味はあるけど今は考えられない。一人の空間大事。

⑥結婚やパートナーシップ制度の利用

興味はあるけど今は考えられない。

⑦子どもを育てること

興味はあるけど今はまだ考えられない。

⑧他の人への紹介

カミングアウトしている友人は OK だけど、それ以外は NG。

⑨ SNS への投稿

投稿しないしされたくない。

⑩他の人との付き合い方

ダメではないけど、他の人と 2 人で会うときは事前に連絡してほしい。

⑪一緒に過ごすときのお金の使い方

基本的に割り勘。おごりを当たり前にしない。

⑫休日の過ごし方

会わない時間も大切に。

⑬ (泊まりがけの) 旅行

興味はあるけど今は考えられない。

⑭絶対に許せないこと

嘘をつくこと。何かを強要すること。

⑮ケンカ

お互い冷却期間を置いて話そう。怒鳴らない。うやむやにしない。

⑯このシートの見直し頻度

3 か月ごとくらい？

Q 当事者に言わない方がいい ことはありますか？

A もちろん人によって異なりますが、
言わない方がいいことはあります。

　言わない方がいいことには、さまざまなパターンがありますので
いくつかに分けて紹介します。

　（人によって異なりますので、気にしない人ももちろんいます。）

<u>お節介オバケ</u>

「どんな人がタイプ？紹介してあげるよ」
「〇〇さんといい感じじゃん」

<u>励ましオバケ</u>

「諦めないで」
「まだ若いんだから」

<u>ノリ悪いオバケ</u>

「好きな人も教えてくれないの？空気読んでよ」
「下ネタがダメとか、ノリ悪くない？」

<u>勝手な解釈オバケ</u>

「レズビアン／ゲイなの？」
「潔癖なの？」
「過去に何かあったの？」

<u>喜びなよオバケ</u>

「好かれて困るとか贅沢じゃない？」
「好かれてることを素直に喜びなよ」

<u>否定オバケ</u>

「そんなわけないじゃん」
「生物的におかしい」

だから何オバケ

「わざわざ言う必要ある?」
「そんな人いっぱいいない?」

言い訳だよねオバケ

「結婚できない言い訳だよね」
「強がってるだけでしょ」

恋愛/性愛=大人オバケ

「〇歳で未経験なんてやばいよ」
「恋愛で人間的に成長できるよ」

恋愛=性愛オバケ

「好きだからしたいんだよ」
「できないなら付き合ってる意味ない」

試してみなよオバケ

「やってみたら変わるかもよ?」
「経験もないのにわからないよね」

　以上のような言葉をこれまで見聞きした人もいるかもしれません。

　Aro/Aceだけでなく、他のセクシュアリティの人に対してもよく言われることですね。

　これらの言葉は、相手のセクシュアリティにかかわらず気をつけた方がいいと思いますが、皆さんはいかがお考えでしょうか。

　ここでは言わない方がいいと紹介しましたが、実際に言ってしまったとしても、すぐに関係が崩れるとは限りません。

　それまでの信頼関係によりますので、相手の嫌がりそうなことをしないよう気をつけながら、コミュニケーションをとっていくしかありません。

　もちろん、同じことを言われても人によってまったく気にならない人もいます。また、この本で一律に禁止しようとしているわけでもありません。

　何気ない一言が人を不快にさせたり、傷つけたりすることがありますので、ぜひ考えてもらいたいという思いで紹介しました。

　これらの言葉が世の中にあまりにもありふれているので、「嫌な人もいる」ということを紹介する機会すらないということをご理解いただけると嬉しいです。

　なお、次の第4章の質問はいずれも要注意フレーズです。

　Aro/Ace当事者に聞かない方がいい質問について、より詳しく解説していますのでご覧ください。

コラム‥‥‥‥‥‥‥‥‥‥‥‥‥‥‥‥‥‥‥‥‥‥

Aro/Aceのシンボル

Aro/Aceにはさまざまなシンボルがあります。

シンボルや身に着けるもの、モチーフなどがAro/Aceコミュニティの中でつくられてきました。この本では、その中から一部を紹介します。

＊次に紹介するフラッグやモチーフを身に着けている人がすべてAro/Aceを自認していたり、表現したりしているわけではありません。また、Aro/Ace当事者がこれらを身に着けないといけないわけでもありません。

アセクシュアル・フラッグまたはAceフラッグ
4色の旗で、上から黒・灰色・白・紫になっています。2010年頃から英語圏で使われるようになったといわれています。（表紙カバーを参照）

アロマンティック・フラッグ
5色の旗で、上から深緑、薄緑（黄緑）、白、灰色、黒になっています。2014年頃から英語圏で使われるようになったといわれています。（表紙カバーを参照）

ブラックリング
黒い指輪です。右手の中指にはめて、アセクシュアルやAceスペクトラムを表現する際に使われています。

ホワイトリング
白い指輪です。左手の中指にはめて、アロマンティックやAroスペクトラムを表現する際に使われています。

ケーキ

Aceのシンボルの一つとしてケーキが使われることがあります。「性行為よりもケーキの方がいい」というある種の冗談のように使われたことから一般的になったといわれています。

トランプ

Aceという言葉から、トランプのエース（数字の1のカード）がモチーフとして使われることがあります。

アルファベットのA

「A」という文字がモチーフとしてさまざまなデザインに使われます。

＊参考

The AUREA Team, 2019, "Q: WHICH AROMANTIC FLAG IS THE ONE IN USE?," AUREA, (Retrieved December 1, 2023, https://www.aromanticism.org/en/faq#aromantic-flag).

AVENwiki, 2019, "Cake," AVENwiki, (Retrieved December 1, 2023, http://wiki.asexuality.org/Cake).

第4章

●

気になるけど聞けない
「これってどうなの？」

Q みんな恋愛するものじゃないんですか？

A 恋愛しない人もいますし、「恋愛する」の内容も人によります。
いつから「恋愛するもの」と考えるようになったか考えてみるといいかもしれません。

　結論からお伝えします。<u>世の中には恋愛する人もいれば、しない人もいます。</u>

　これが当たり前のようで実は結構、社会にとっては想定されていないことが多かったりするんですよね。
　正直このように思ってしまうのも仕方がないと思います。
　メディアであったり、周囲の言葉であったり、社会は恋愛至上主義にあふれているからです。

・恋愛をしたら楽しい
・将来は恋愛的に結ばれた相手と結婚をする
・恋愛をしている人の方が人生が充実している
　といったイメージがさまざまなところから刷り込まれる現状があります。

　そして、それらは恋愛が多様であるという現実も無視していると思います。
　「恋愛する」といっても、付き合うことを前提としていない人もいますし、結婚を考えていない人もたくさんいます。そして、恋愛や付き合うことに性的なものを結びつける人もいますが、それも人によって異なります。

　そもそも、恋愛って何？と考えたことがある人自体、ごくわずかだと思います。
　「なんとなく恋愛しないといけないと思って恋愛してきた」という話も数多く聞きます。

なかけん

自分はしないです。恋しないなんてつまらない・冷たい人だと言われた時は「これが私にとっては普通なのに…」とモヤモヤしました。むしろ私にとってはみんな恋愛するの？という疑問が浮かびました。

　でも、恋愛的（性的）な要素を経験するか否か、誰とどのように経験するかというのは本人が選ぶ権利があります。

　まずは、誰もがその権利があるということをぜひ知ってもらいたいと思います。

はるか

当事者の人も「みんな恋愛するのが " 当たり前 " で、恋愛できない自分はおかしいんだ」と悩んでいたという話もよく聞きます。「恋愛をしない人もいる」ということが広まれば、この悩みはなくせるはずです。

One more thing...

恋愛の規範と Aro/Ace

　前のページで、「将来は恋愛的に結ばれた相手と結婚をする」というイメージはある程度、社会で共有されていると指摘しました。しかし、これは近代以降に普及した特定の価値観であるといわれています。専門的には、「ロマンティック・ラブ・イデオロギー」と呼ばれ、恋愛と結婚と性を一体化させる考え方です。男女が恋愛し、結婚し、性的な関係を結ぶ（そして、子どもを産み育てる）ということを、正しい生き方として規定するのです。この考え方に沿っていえば、先ほどの表現は「将来的には恋愛的／性的に結ばれた相手と結婚をする」となります。「男女」とあるように、この考え方では異性愛が前提とされており、ほかのセクシュアリティは想定されていません。日本では、「恋愛のゴールは結婚（そして、そのあとに子どもを持つ）」というように定着していきました。ただ、現代の日本では、結婚には恋愛感情が必要で、恋愛感情のない結婚は正しくないと考える価値観もみられ、「ロマンティック・マリッジ・イデオロギー」が広がっていると理解した方がいいとする議論もあります（谷本 2008）。このように、恋愛と結婚の結びつきは人類の歴史から考えれば、比較的最近のことであり、そして時代とともに変化していくものだと考えられます。

　また、「社会は恋愛至上主義にあふれている」と述べましたが、Aro/Aceコミュニティでよく引用される議論としては「恋愛伴侶規範（amatonormativity）[*1]」という考え方があります。これは、恋愛的／性的に愛し合う関係や結婚に特別な価値があるという見方と、それに基づくロマンティック・ラブが人にとって普遍的な目標であるという想定が社会にあることを指摘するものです（Brake 2012=2019）。「みんな恋愛するものじゃないの？」という疑問が出てくる背景として、まさにこのロマンティックな愛が人の目標であるという想定から、恋愛することを当然視してしまうのではないかと考えられます。恋愛伴侶規範も近代以降（の欧米諸国で）に確立したと考えられていますので、「ロマンティック・ラブ・イデオロギー」と同様に、今後変わっていくかもしれません。

　最後に、恋愛のイメージが「恋愛が多様であるという現実を無視している」点についても触れておきたいと思います。リスロマンティック（p.15）というアイデンティティが示している通り、恋愛感情（恋愛的惹かれ）は必ずしも関係性に結びつくわけではありません。また、恋愛＝性的ではありませんので、恋愛的に付き合っていたら誰もが性行為をするわけでもありません。詳しくはp.100〈Q. 好きな人とはしたくなるものじゃないんですか？〉をご覧ください。恋愛感情を抱かない（恋愛的に惹かれない）ことを含めて、それぞれの人にとっての恋愛があり[*2]、その多様性はロマンティック・ラブ・イデオロギー（またはロマンティック・マリッジ・イデオロギー）や恋愛伴侶規範を超えていくものです。その点で、Aro/Aceの多様なアイデンティティは、恋愛の多様性をも可視化する可能性を秘めています。　　　　（三宅大二郎）

＊1　amatonormativity の訳として、翻訳本では「性愛規範」が使われています（Brake 2012=2019）。しかし、この概念の提唱者であるブレイクの議論はより恋愛とそれに基づく関係性に関する規範を注視していることから、「恋愛伴侶規範」を訳語として用いるのが適切であるという意見もあります。そのため、本書では後者を採用しています。夜のそら，2020，「恋愛伴侶規範（amatonormativity）とは」，夜のそら：Aセク情報室，（2024年1月22日取得，https://note.com/asexualnight/n/ndb5d61122c96#AZFPg）.

＊2　人によっては、自分の人生において恋愛というものはないと感じる人もいるので、当然のことながら全員が恋愛をしているという意味ではありません。「人生に恋愛というものはない」と感じること自体が、社会の中で恋愛について意識させられているということである、という意味でここでは書いています。つまり、恋愛感情を抱かない人も、何かしらの形で恋愛に関わらざるを得なくなっているのです。この社会では、恋愛というものをまったく知らないでおけるほどに、恋愛と完全に距離を取ることは難しいといえます。

Q 好きな人とはしたくなる ⚠️
ものじゃないんですか？

A 人によりますので、好きな人としない
といけないわけではありません。
どんな関係性でもお互いの同意が大切
です。

　「好きな人とは『性行為を』したくなるものじゃないの？」という質問としてお答えします。
　当然ですが、人によります。

　そもそも、「性行為をしたいと思う」かどうかも人によって多様ですし、"好きな人と"性行為をしたいと思うかどうかも多様です。

　「好きな人とは性行為をしたくなるもの」というイメージは、「恋人ではない人と性行為をしてはいけない」「付き合ったら性行為をするもの」という考え方になってしまう恐れもあります。
　どんな関係性でも、お互いの同意はとても重要なことです。
　「好きな人がしたいと言っているから、期待に応えたくて断りにくい」という声を聞いたことがあります。
　相手の意思をきちんと確認しなかったり、無理強いしたりするのは、関係性を崩しかねない行為ですし、相手を傷つける恐れがあります。
　自分が「好きな人とは性行為をしたくなる」と感じること自体は問題ありませんが、相手もそうであると決めつけてはいけません。

　愛情表現として性行為をする人もいますが、愛情表現は性行為だけではありません。相手が性行為を望まないからといって、愛されていないというわけではないことを覚えておいてください。

　そして、「断りにくい」と感じたことがある人は、それはあなたが悪いわけではないということを覚えておいてください。
　きちんと確認を取らなかった相手の問題です。
　あなたがどう感じているかを相手に言い出しにくいようであれば、距離を取る、DV相談の窓口に連絡してみるなど、自分が我慢する以外の選択肢も探してみてください。

性的なことに関する希望や約束事などについ
て、事前に確認し合うことを「性的同意」とい
います。とても重要なことなので覚えてくださいね。

みやけ

One more thing...

親密な関係性と性行為

　Aro/Ace に関する著作などを執筆しているライターのアンジェラ・チェ
ンは、著書の中で恋愛などの親密な関係性が性的なものと結びつけられて
いる（「好きな人とは性行為をしたくなるもの」はその一例ですね）と指摘
した上で、そのような関係性における性的同意の難しさについて説明して
います（Chen 2020=2023）。恋愛関係などでは、一般に性行為に同意する
ことが期待されているため、ノーを表明しにくいといいます。チェンはこ
のような現状から、性的同意をイエスかノーかの二元論ではなく、消極的
なイエスなど多様な態度があることを前提に、友人との信頼関係を構築す
るように時間をかけながら作っていくプロセスと捉えることを提案してい
ます（Chen 2020=2023）。これは、友人関係における同意は、契約書にサ
インするようなものではなく、相手の好みや意向を少しずつ知りながら関
係性を作る中でおこなわれていることを例としてあげているのです。「好き
な人とは性行為をしたくなるもの」が飛躍して「付き合ったら性行為をす
るもの」にならないよう、それらのイメージから離れて、目の前の相手と
向き合うことが求められているのだと思います。

強制的性愛

　そもそも「性行為をしたくなるもの」という一般的なイメージも問い直
す必要があります。それには、人は性行為をしたくものという前提に対し
て疑問を持つことが重要です。このような前提を Aro/Ace コミュニティで

は、「強制的性愛（compulsory sexuality）[*1]」という言葉で説明することがよくあります。強制的性愛は正常な人間は他者に対して性的に惹かれるものであるという規範を指し、以下のような要素で構成されているといわれています（Przybylo 2016: 185）。

（1）性行為をその他の行為に対して特権化する

（2）セクシュアリティを自己形成や自己認識の中心とする

（3）健康（health）と性行為を接着させる

（4）性行為をカップル関係、愛、親密な関係に結びつける

　今回の質問はまさにこの（4）と関連していることがわかります。加えて、（4）は「好きな人とは性行為をしたくなるもの」というイメージだけでなく、「性行為は恋愛関係の中でするべきだ」というような価値観とも親和性が高いものです。チェンは著書の中で（とりわけ男性の）他の人に恋愛感情を抱かず、性愛感情を抱くアロマンティック・セクシュアルに対して否定的な見方が向けられることを指摘していますが（Chen 2020=2023）、これも性行為と恋愛関係を結びつける見方が影響していると考えられます。なお、（3）はp.126〈コラム　アセクシュアルの病理化〉と関連するものだと思いますので、そちらもぜひご覧ください。Aro/Aceがそのままのあり方を否定されたり、不可視化されたりするのはこの規範によるものだと考えられます。「好きな人とは性行為をしたくなるものじゃないの？」という素朴な疑問も、掘り下げていくとこのように社会全体に関わるような広いテーマにつながっていることがわかると思います。あなたがこれまで学んだり、知らず知らずのうちに身につけたりしてきた「○○は△△なもの」というイメージについて考え直してみることが重要です。

（三宅大二郎）

＊1　強制的性愛という言葉は、フェミニストで詩人の詩人のアドリエンヌ・リッチ（Rich 1980）が提唱した強制的異性愛（compulsory heterosexuality）という概念にならった造語だといわれています。

Q まだ運命の人に出会って
いないだけじゃないですか？

A 相手のことを思って言ったことかもし
れないですが、
それを言われた人にとってどのような
意味になるか考えてみてください。

　おそらくこの言葉、傷つける意図を持っているわけではなく、なぐさめる意味で言ってくれている場合も多いと思います。

　ただ、この言葉が「本人の自認や、意思を無視している」ということは知っておいてほしいです。

　アロマンティックを例にすると、自分の中でずっと考えてきて、ようやく勇気を持って「恋愛感情を抱かないんだ」と伝えたのに、
　「そんなわけないから大丈夫だよ！」
　「考えすぎだから気にしない方がいいよ！」
　というのは、励ましやなぐさめなど親切心で言ったつもりでも、本人にとってはかなり傷つく言葉ではないでしょうか。

　相手のためを思っての言葉だから大丈夫！ではなく、本当に本人の意思を尊重した発言なのか、ということを考えた方がいいと思います。

　そして、「これは私の普通を押し付けていないか」という視点を持って相手と接するよう、ぜひ意識してみてください。

なかけん

運命の人ってそもそもどんな人のことを指してるのかな？
私はよくわからないのだけど、この言葉は結構よく言われますね。

みやけ

似たような声かけとして、「まだ若いんだから」、「付き合ってみたら変わるよ」というのも聞きますね。

One more thing...

マイノリティは「運命の人」を待つべき？

　相手のためを思って言ったことが、相手の否定につながってしまうことがあります。今回でいえば、それが「運命の人」です。実際に、アセクシュアル当事者を対象とした英語圏の研究は、周囲の人に自分のセクシュアリティを伝えた際に、「まだいい人に出会っていないだけ」や「自分で抑圧しているだけ」というようなことを言われ、自身のアイデンティティを否定されると報告しています（Gupta 2017）。日本でも同じような状況があると思います。

　そして、もう一つ補足しておかなければならないのは、この「運命の人」という言葉がこれまでレズビアン、ゲイ、バイセクシュアルにも向けられてきた点です。同性に（も）恋愛的／性的に惹かれる人に対して、「まだ（異性の）運命の人に出会っていないだけだから、そのうち変わるよ」という声かけが長い間されてきました。ここにはAro/Aceと同じ構造があります。異性愛の規範です。異なる点があるとすれば、社会的な認知度の違いによって、レズビアン、ゲイ、バイセクシュアルに対しては「運命の人」によって異性に惹かれるようになるという声かけが、近年減りつつある（と思われる）ことです。

　Aro/Aceは他の非異性愛と比べて、「同性の人に惹かれた」というような明確な経験によって自認しにくいという特徴があります。「惹かれない」という「ない」ことをもとにしたセクシュアリティであるため、「本当に自分が自認していいのか？」と悩む方も少なくありません。その点で、今回の

＊1　バイセクシュアルの場合は「（異性の）運命の人と出会っていないから、同性にも惹かれると思っているのだ」というような形で、同じような声かけをされることがあります。ただ、バイセクシュアルに対しては、自らを同性愛と認められない人がバイセクシュアルを名乗っているのだという偏った見方もあり、バイセクシュアルのカミングアウトに対しては「レズビアン／ゲイだと受け入れた方がいい」というような、「運命の人」とは異なる反応もあります。

＊2　異性愛規範（ヘテロノーマティヴィティ：heteronormativity）と呼ばれることもあります（Warner 1991）。

「運命の人」という言葉が、自認に悩んでいる人に向けられた時、そのインパクトはより大きくなる恐れがあります。「本当にそうかもしれない」と重く受け止めてしまう可能性があるからです。本書の各所で述べているように、今、Aro/Ace に近いと感じているなら、そして自認することがその人の役に立つのであれば、自認はその人の自由です。相手に寄り添う方法として、まずは相手の話を聞き、受け止めることが重要だと思います。

　最後に付け加えると、「運命の人」という言葉が使われる文脈にも注意を払う必要があります。今回は「運命の人」という言葉から議論を広げましたが、そもそもフィクション以外でこの言葉はどれほど日常的に使われているものなのでしょうか。「現実の恋愛は映画やドラマとは違う」という話もよく聞きますし、マッチングアプリなどである程度意図的に相手を選んでいる人も多いと思われます。このように、異性愛の文脈では、「運命の人」といういつ現れるかもわからない人を理想化せず、現実的にパートナー選びをしているのに、異性愛ではないあり方に対してはなぜ「運命の人」を持ち出すのでしょうか。その異性愛とそうではないあり方に対する反応の違いこそ、この質問をする際に考えるべき問題だと思います。

（三宅大二郎）

Q 一時的なものじゃないんですか？

A 時間の長さは関係ありません。
一時的でも、ずっと変わらなくても、
その人の気持ちや意思が大切です。

カミ

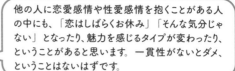

他の人に恋愛感情や性愛感情を抱くことがある人の中にも、「恋はしばらくお休み」「そんな気分じゃない」となったり、魅力を感じるタイプが変わったり、ということがあると思います。一貫性がないとダメ、ということはないはずです。

みやけ

ジェンダーやセクシュアリティが流動的なことをフルイド（fluid）と呼ぶこともあります。

　一時的な場合もあれば、ずっと変わらない場合もあります。

　セクシュアリティやそのアイデンティティについては、<u>「今現在を切り取った時にどの言葉が一番近いと感じ、自認したいと思うか」</u>が重要です。

　生活を送っていく中で「○○だと思ってたけどやっぱり違うかも」とか「○○の方がしっくりくるかも」となる人もいます。
　当然、「私はずっと○○が近いと思ってる」というように変わらない人もいます。

　このような、自分についてどう感じるかということが変化したりしなかったりするのは、Aro/Aceだけではなく、どのセクシュアリティでも同じです。
　セクシュアリティ自体が変わることもありますし、よりしっくりくるアイデンティティが見つかることもあります。

　ただ、大切なのは、冒頭にもあるように「今現在を切り取った時にどの言葉が一番近いと感じ、自認したいと思うか」です。
　つまりは、<u>今の自分自身がどの言葉を使いたいか、どんな状態が心地いいと思うのか</u>です。

別にそれがその人の人生でみた時に一時的なものであっても、継続的なものであってもどちらでもいいのです。

One more thing...

潜在的アセクシュアル？

　「一時的なものじゃないの？」という質問に関連して、「Aro/Aceを今自認している人と、今は恋愛や性的なことに関心がない人はどう違うのか」という疑問を持たれる方がいます。このような、Aro/Aceを自認することと、状態としてAro/Aceに近いことの区別については、アセクシュアルを研究しているC・D・チェイスンの議論が参考になります。チェイスンは性的に惹かれない人がアセクシュアルだと自認していない状態を、「潜在的アセクシュアル（potential asexual）」だと名付けました。チェイスンは潜在的アセクシュアルがアセクシュアルという言葉を知り自認するようになることと、潜在的アセクシュアルとアセクシュアルを自認している人を同列に扱うことは別の問題だと考えます（Chasin 2011）。潜在的アセクシュアルはアセクシュアルコミュニティが発展させてきた考え方を知らないからです。つまり性的に惹かれない状態の人（潜在的アセクシュアル）がアセクシュアルを知ることで自認することはありますが、性的に惹かれないだけではコミュニティで育まれてきた知識（恋愛と性的なものを分けるなど、本書で紹介するさまざまな考え方）は得られないので、その人が自分自身をどのように認識しているかという点において両者は大きく異なります。この考え方からすると、「Aro/Aceを今自認している人と、今は恋愛や性的なことに関心がない人はどう違うのか」は以下のようにいえます。仮に状態としては似ているとしても、情報のリソースが異なるためそれぞれの自己認識には差ができる、と。そして、この差はひいてはその人の行動や生き方にも影響を及ぼすものだと考えられます。

　以上のように、やはり重要なのは、その人が自分のことをどのように認

識しているかということだとわかると思います。恋愛や性的なことに関心がないことについて、その人がそれをセクシュアリティとして考えたいのであれば、Aro/Aceの説明や議論が参考になると思います。一方で、とくにその状態について何も考えなくても済むのであれば、その人はそれまで通りの人生を送るだけです。それで何の問題もありません。むしろ気をつけなければならないのは、周囲の人が恋愛や性的なことに関心がないことを問題視し、その人に何か行動するよう本人の意思を無視して勧めたり、病気ではないかと言ったり、Aro/Aceの知識がある人が「あなたはAro/Aceだ」と決めつけたりすることです。Aro/Aceに関する情報提供は重要なことですが、その人のことを勝手に「診断」したり、そう自認するよう促したり（自認ではなくなりますね）しないようにする必要があります。自認はあくまで本人の意思に委ねられなければなりません。

（三宅大二郎）

Q 草食系とは違うんですか？

・・・

A まずは相手の言葉に耳を傾けてください。
そして、名乗ることと名付けることの違いについても考えてみましょう。

自分は「アセクシュアル」という言葉に助けられて、大切にしているので、それを勝手に他の言葉にまとめられたら結構傷つきます…。

なかけん

　Aro/Aceの話をすると、よく持ち出されるのが「草食系」という言葉です。

　この質問は、とくに次の2点に気をつける必要があると思います。

　1点目に、相手の使った言葉は基本的にそのまま受け止めた方がいいということです。

　例えば、自分が説明したことに対して、きちんと話を聞かない状態で「つまりそれって〇〇ってことだよね」と言われたらどう思うでしょうか。

　多くの場合、もやっとしたり、「いや、そうじゃないんだよなぁ…」と感じたりすると思います。

　相手の思いや考えを別の違う言葉でまとめることは、相手の気持ちを置き去りにしてしまうということにもつながることを覚えておきましょう。

　もちろん、ケースバイケースですので、じっくり聞いたけれどもあまり理解できず、自分が知っている近い言葉とどう違うのか質問することもあります。自分がその人の話をしっかりと聞きたいという姿勢が伝われば、少し質問がズレていても、大きな問題にはならないと思います。

　でも、それはその人の言葉を理解しようとしたその先の話ですので、まずは相手の話を受け止めようとすることが重要です。

　2点目は、自認する言葉と、他の人が誰かを説明する言葉を区別することです。

　セクシュアリティやそのアイデンティティは本人が考え、本人が自認する言葉です。

　その一方で、「草食系」は基本的に他の人がある人（たち）を指す言葉として使われていると思います。

　実際には、他の人からつけられた言葉を自分を説明する言葉として使う場合もありますが、誰かから名付けられるのと、自分で名乗るのは別ものであるということを覚えておきたいですね。

One more thing...

名付けること、名乗ること

　「草食系」という言葉は、コラムニストの深澤真紀が、恋愛やセックスに積極的ではない男性を「草食男子」と名付けたことが始まりといわれています(深澤 2007)。そこから発展した草食系という言葉は論者によって意味合いが異なりますが、恋愛やセックスに対して積極的ではないという部分は概ね共通しているようです。Aro/Ace の各カテゴリーはいずれも「積極的」かどうかを議論しておらず、惹かれの有無やその多様性について述べています。その点で、草食系と Aro/Ace はその意味からして異なることがわかると思います。

　そして、草食系と Aro/Ace の大きな違いは、すでに述べたように他の人からの説明なのか、自認しているのかという点です。上で説明したように、草食系は「名付けられた」言葉ですので、Aro/Ace とはその点でも異なるのです。「逆に言えば、草食系の中に Aro/Ace がたくさんいるのでは?」という言葉も聞いたことがありますが、同じように、Aro/Ace は名乗るものですので他の人が勝手に決めつけてはいけません。

　以上のように、ここでは草食系を例にしながら気をつけるべきことを述べてきましたが、名付けること自体が悪いと伝えたいわけではありません。名付けることによってこれまで認識されていなかったことが可視化されたり、そこから議論が発展したりすることがあります。[*1] 重要なことは、名乗りと名付けを区別して、それぞれの言葉の意味や背景、その言葉を使う意義を理解することだと思います。このような混同されやすい言葉はほかにも例があると思いますので、本書の説明を参考にしながら一度考えてみるとよいでしょう。

（三宅大二郎）

＊1　草食系でいえば、恋愛やセックスに積極的でないというあり方が認識されるようになり、肯定的な意見もみられたことがあげられます。類似する言葉として「奥手」がありますが、草食系と比べて「積極的になれない」というニュアンスが強く、草食系のように一つのあり方という認識はされにくいと思われます。一方で草食系は、肉食系と対置されることで、ある種の類型のように扱われている点が特徴的です。草食系について否定的な意見が向けられることもありますが、人のあり方として認識されるようになったきっかけとして草食系を評価することもできます。

Q モテない言い訳ではないのですか？

A 「誰にとってもモテることはいいこと」という考え方を見直しましょう。

この言葉は要注意ワードです。

とくに次の２つの意味で問題があります。

１つ目は、モテることをいいこととして、相手に押し付けていることです。いわゆる恋愛至上主義的な考え方が見えます。

この発言は「モテる＝恋愛的／性的に多くの人から求められること」をいいこと、誰であっても喜ばしいこと／誇らしいこととした上で、相手をモテないと決めつけ、いじる意味で言われることが多いです。

ただ、そもそも「モテる」ことが価値のあることなのでしょうか。人に求められることや人気のあることがその人の価値なのでしょうか。恋愛や性愛、もしくは人間関係だけで人間の魅力は決まらないですよね。

「モテない」ことをいじるような、モテることはいいことであるという価値観を人に押し付けていることを考え直す必要があります。

２つ目は、人のアイデンティティとモテないことを勝手に結びつけ、さらには「言い訳」というネガティブな言葉で理解しようとしていることです。

周囲の人間がその人のアイデンティティに対して、勝手に理由があると決めつけて、マイナスな評価をしているという状態です。

これはあまりにも失礼なことですよね。

こういった言葉が出てきた時に、「その発言は失礼である」ときちんと注意できるように、本書を使っていただけると幸いです…！

そもそも「モテる」とはどういうことでしょう？人気があること？ちやほやされること？注目を浴びること？つまり、他の人からどう思われるか、ですよね。自分が他の人をどう思うか（思わないか）という話と自分自身が自分のことをどう思うかは、そもそもまったく関係のない話、なのかもしれません。

カミ

One more thing...

モテないことを問題視する理由

　Aro/Ace の自認をモテないことと結びつけてしまうことを考える上で、ジェンダーの視点も外せないと思われます。モテないという言葉の意味が男性とされる人に向けられたものなのか、女性とされる人に向けられたものなのかによって異なる可能性があるからです。

　一般に男性は性的に活発とされており、たくさんの人と性的な関係を持つことを期待されます。草食男子という言葉がわざわざ作られたのは、その期待とズレているからだと考えられます。文学研究者のイヴ・セジウィックは、近代社会において男性同士が同性愛嫌悪や女々しさ（effeminacy）の否定を伴いながら女性を性愛／恋愛の対象としてきたこと、またそのような男性同士の関係性について、「男性のホモソーシャル（homosocial）な欲望」という言葉を使いながら論じました（Sedgwick 1985=2001）。「非モテ」について研究している西井開も、（女性に）モテないという男性の経験には男性性や男性同士の関係性に強いつながりがあることを明らかにしています（西井 2021）。つまり、男性にとって（女性から）モテることは、男性同士の関係性にとって重要なことなのです。それは例えば、それぞれが女性を所有することで生まれる結束だったり、女性の所有を通して男性の中のヒエラルキーを競う構造だったりすると考えられます。

　一方で、一般的に女性は男性よりも性的に消極的であるとされ、多くの人にモテても、一人（またはそれほど多くない人数）と結ばれることを期待されます。このような男女で求められる像が異なることを「性のダブルスタンダード」と呼びます。女性にとって（男性から）モテることは、女性同士の関係性にとっても意味のあることだと思われますが、女性の場合は結婚や家庭、子育てとつながるものとして認識されてきたことが特徴だと思われます。恋愛と結婚と性を一体化させる「ロマンティック・ラブ・イデオロギー」（詳しくはp.96〈Q. みんな恋愛するものじゃないんですか？〉を参照）は、より女性に期待されてきたとも考えられるでしょう。

つまり、（男性から）モテることで、よりふさわしい結婚相手を見つけることが期待されてきたのです。

　以上のように、男女によってモテることの意味合いが異なるため、「モテない言い訳にしてるんじゃないの？」という言葉も男女によって別の意味になる可能性があります。例えば、男性に対しては、男性の中のヒエラルキーで下位に位置づくことを揶揄する意図があるかもしれませんし、女性に対しては、ふさわしい結婚相手を見つけられなくなるという危惧を示す言葉かもしれません。何にしても、先ほどp.117で述べたように失礼にあたる可能性が高いので、このような発言は慎むことを強くお勧めします。なお、性の規範は時代とともに変化してきており、ここで述べたことは一昔前ないし伝統的な説明と言わざるを得ません。ただ、モテないことが揶揄されることが未だになくならないこの世の中で、上述のような規範は完全に過去のものとまではいえないと思います。現代の規範について、モテる／モテないという視点からより深い分析や議論をしていく必要があるでしょう。モテないということと、Aro/Aceは別の話ではありますが、どちらも深く考えると、恋愛や性愛の規範を問うことにつながる点で共通点はあるかもしれません。

（三宅大二郎）

Q　何か原因がありますか？

A　なぜ「原因」を知りたいと思うのかを考えてみましょう。何か理由があるはずだという思い込みなどがあるかもしれません。

この質問は、もしかしたら「Aro/Ace当事者のことをもっと理解したい」という思いからきているのかもしれませんね。その思い自体は間違っていないと思いますが、大切なのはありのままの相手を受け入れ、その気持ちや意見を尊重することではないでしょうか。

カミ

　「恋愛／性愛感情を抱くこと」を前提とする社会では、そうではないことの「原因」を知りたいと思うことは自然なことかもしれません。
　しかし、異性愛者に「異性愛の原因は何ですか？」と質問することがあるでしょうか。恐らくないと思います。
　それが「普通」とされているからです。

　むしろ、なぜ原因を知りたいと思うのかを考えてみるのはどうでしょうか。
　「原因」という考え方には、「普通は○○だから、そうでないなら何か理由があるはずだ」という考えがあると思います。

　このような考え方が、Aro/Ace当事者に「自分は何かおかしいのかな」という悩みを持たせる原因となっているかもしれません。p.52〈Q.「自分は何かおかしいのかな？」と悩んでしまいます…〉もご覧ください。

　そして、「何か原因があるの？」ではなく、「これが原因では？」と考えてしまう人もいます。
　もっともよく聞かれるのが、
　「トラウマのせいなんじゃない？」と
　「病気なんじゃない？」です。

「トラウマのせい？」

　Aro/Ace とトラウマを結びつけて考えてしまうのは、やはり「恋愛／性愛感情を抱かないのは何か特別な理由があるだろう」という思い込みがあると思います。

　それが、「つらい経験をしたのではないか？」という考えにつながり、トラウマという言葉になってしまったのかもしれません。

　<u>Aro/Ace の自認はその人の自由</u>です。
　他の人のセクシュアリティに理由を求めてはいけません。

　一方、トラウマを抱えていることで Aro/Ace の自認について悩んでいる人もいます。
　しかし、どのような場合でも、どの言葉で自認するのか／しないのかは、その人が安心感を得られるか、しっくりくるかどうかで決めるものだと思います。

「病気のせい？」

　Aro/Ace と病気を結びつけて考えるのも、その原因はトラウマと同じだと思います。

　基本的に、現代の医学ではセクシュアリティを治すという認識はされなくなってきています。
　セクシュアリティは診断されるものではなく、あくまで自分自身で自認するものです。

　しかし、残念なことに、実際に Aro/Ace と病気を結びつけられた言葉を、直接言われるという経験をしている人もいます。
　Aro/Ace 調査 2022 では、次のような経験が報告されています（三宅ほか編 2022）。

・アセクシュアルについて話したところ、病気と思われ「じゃあ精神科？とかで治療がんばってね」と返されすごくショックだった

・「恋愛にあまり興味が無い」とふわっとした主張をしたところ「そんなの有り得ない。病院に行けば？」と言われた

　とくにこれを<u>冗談として言っている場合、明らかな差別</u>になります。
　人によっては、心配する意味で言っている場合もありますが、他の人がこのような質問をしていたら「その必要はない」ときちんと伝えましょう。

　病理化の問題については、p.126〈コラム　アセクシュアルの病理化〉でまとめていますので、そちらもあわせてご覧ください。

One more thing...

非異性愛はトラウマのせい？

　セクシュアリティとトラウマの関連性の議論は、Aro/Aceだけでなく、実は他のセクシュアリティに対してもおこなわれてきました。その歴史は本書では扱いきれないほど長く深いものですので割愛しますが、ここで重要なのは、トラウマが人のセクシュアリティに及ぼす影響ではなく、すでに述べたように「原因を探す」ということ自体の問題性です。より正確にいえば、原因を探すことに問題があるというよりは、探そうとする背景にある価値観と、そしてその対象の偏りに問題があります。

　原因が探されるのは、「なぜ？」と疑問に思う人がいるからですが、その疑問は少数派とされる人たちに向けられがちです。なぜなら、多数派のあり方は「普通」とされ、疑問を持たれないからです。その結果、多数派の原因が検討されることはあまりなく、少数派とされるあり方、例えばレズビアンやゲイ、バイセクシュアル、そしてAro/Aceなどに対して原因の解明が追及されます。そのような、原因を探したい人たちが持ち出した仮説が、トラウマなのだと思われます（仮説というと緻密な議論のように聞こえるので、思いつきという方が適切かもしれません）。

　一方で、他者に恋愛／性愛感情を抱かないことが、何かのトラウマによって引き起こされていると感じていて、それを変えたいと思っている人がいるとします。その際に、セクシュアリティの視点から、「そのままでいい」とその変えたいという思いを他人が否定するのには別の問題があります。すでに本書で述べているように、自認は本人の意思に委ねられていますので、自分の状態をどのように考えるかはその本人が決めることだと思います。ただ、自分のことを自分で決めるといっても、実際にはその個人の判断に社会や周りの意見が少なからず影響しています。残念ながら社会は多数派のあり方を前提としていますので、自分のことを自分で決めるだけの判断材料が不足しているという課題があります。したがって、セクシュアリティとトラウマの議論には、それを結びつけて考えたい人たちに向

けてその思考の問題性を指摘しつつ、それについて悩んでいる人が自分の生き方を検討できるように、多様な考え方をより広く届ける必要があります。

　ただ、トラウマの議論は、近年ではレズビアン、ゲイ、バイセクシュアルの人たちに向けられることが以前と比べて減っているのではないかと思われます。これは当事者やその支援者たちの運動によって、社会の認識が変わってきたからだと推測されます。Aro/Ace に対してもそのように認識が改められるよう、働きかけていく必要があります。本書の記述が、「こんな時代もあったのですね」といわれるようになることを祈ります。

（三宅大二郎）

コラム ·····································

アセクシュアルの病理化

　性的関心や性的欲求が低いことは、医学では性機能不全として捉えられ、研究の対象にされてきました（Scherrer 2008）。その結果、用語や内容を変えながらも、医学は性的関心や性的欲求が低いことを病理化してきました。アメリカ精神医学会の『精神疾患の診断・統計マニュアル第4版（DSM-IV）』では、性的欲求の欠如を「性的欲求低下障害（HSDD: Hypoactive Sexual Desire Disorder）」として位置づけています（American Psychiatric Association 2000=2002）。HSDDの治療法には、カウンセリングや抗うつ薬・ホルモン剤の処方などがあります。ほかのセクシュアリティと比べてアセクシュアルは性的欲求が低かったという調査結果も報告されていることもあり（Prause and Graham 2007）、アセクシュアルコミュニティではHSDDとアセクシュアルとの区別が困難であるという議論が盛んになりました。

　ただ、HSDDには対人関係の困難や苦痛（distress）を伴うということが診断基準に設定されています。したがって、性的欲求が低いことに関連して対人関係上の問題があったり、自身が苦痛を感じていたりしなければ診断はおりない、とされているのです。また、アセクシュアルのアクティビストがDSMの改訂のプロセスに関わったことで（長島 2022）、改訂版のDSM-5ではアセクシュアルを自認する場合にHSDDを適用しないという基準が加わりました[*1]。

　アンジェラ・チェンは、HSDDについて、副作用や服用の条件が厳しいわりにホルモン剤の効果がごくわずかなことから、製薬会社による商業的な策略について指摘しています（Chen 2020=2023）。HSDDと診断される人の多くは女性といわれていますので、対人関

＊1　DSM-5では「男性の性欲低下障害（Male Hypoactive Sexual Desire Disorder）」と「女性の性的関心・興奮障害（Female Sexual Interest/Arousal Disorder）」という名前に変更されました（American Psychiatric Association 2013=2014）。

係の困難を伴うという診断基準からみて、パートナー関係にある女性がセックスを望むように促す社会的な環境があるのかもしれません。例えば、あるカップルで、セックスをあまり望まないことで関係性に問題が起これば、セックスを望む方ではなく望まない方が治療対象となる可能性があります。苦痛の診断基準についても、性的に惹かれない（ないし性的欲求が欠如している）ことが肯定されない社会の影響で、苦痛を感じる可能性があると指摘されています（Chasin 2013）。これが例えば同性愛であれば、同性愛嫌悪が強い社会で同性に惹かれることを苦痛に感じている人がいたとしても、同性に惹かれること自体を治療することには現代ではなりません。アンジェラ・チェンもアセクシュアル自認の例外規定について、同性に惹かれる人が同性愛者だと自認しないかぎり精神医学上の異常だといっていることと同じであるため、ないよりはましだが、問題があると指摘しています（Chen 2020=2023）。

　以上のように、アセクシュアルというアイデンティティが病理化されているわけではないものの、アセクシュアルのあり方が病理化される可能性は否定できないことがわかります。ただ、アセクシュアルコミュニティでも診断があることを全面的に否定する意見ばかりでなく、医療へのアクセスが当事者の利益になるかもしれないという議論もあります。しかし、現状はあまり役に立たないか、問題点が多いという認識が一般的のようです。このような問題は、性的であることが健康であるという現代の欧米社会の価値観と関連がありますが（Gazzola and Morrison 2011）、DSMと並んで日本で援用されることが多い世界保健機関（WHO）のICD11（国際疾病分類第11版）にも「性欲低下症（Hypoactive sexual desire dysfunction）」が記載されていますので（WHO 2023）[*2]、日本においても重要な論

＊2　訳は次の文献を参考にしました。松永千秋，2022，「ICD-11で新設された『性の健康に関連する状態群』──性機能不全・性疼痛における『非器質性・器質性』二元論の克服と多様な性の社会的包摂にむけて」『精神経学雑誌』，124（2），134-143.

点だと思われます。とくにICD11にはアセクシュアル自認の例外規定はありませんので、その点も考慮すべきでしょう。

　そして、最後に「アセクシュアル（ないしAro/Ace）は病気・障害ではない」という説明の問題点についても述べておきます。このような説明は、障害があるAro/Aceを不可視化させ、病気や障害に対する負のレッテルを維持したままで「私たちは健康だ」という主張になってしまうこともあります。問題にすべきは、特定のあり方だけを健康とし、そうならなければならないという規範や社会の仕組みであって、「Aro/Aceは健康だ」と伝えたいわけではないのではないでしょうか。医療が不要な人に余計な治療がおこなわれないこと、必要な人には医療へのアクセスが保障されていること、それに対応できるような医療体制を整備すること、そして病気・障害へのスティグマを解消していくこと、どれも重要なことだと思います。病理化とセクシュアリティの問題は、さまざまな背景や歴史、議論がありますので一筋縄ではいきませんが、これからも考えていくべき課題です。そのきっかけの一つに本書がなれていれば幸いです。

（三宅大二郎）

第2部
当事者の声を
きいてみよう

第1章

● 当事者お話し会レポート

Aro/Ace を自認している当事者の方々が、日頃どういったことを感じているのか、何に困っているのか、そのリアルな声を知りたいという方もいらっしゃるのではないでしょうか。そんな読者の皆様の"気になる！"にお応えして、このお話し会ではAro/Aceを自認している、立場の異なる当事者6名をゲストに迎え、4つのテーマに沿って、存分に語り合っていただきました。なお、当日はAs Loopメンバーなかけんが司会を行いました。

ゲストの意向を尊重し、発言された内容をそのまま掲載することを
基本方針としていますが、個人の特定につながる内容や、記載するこ
とで内容がわかりやすくなり、かつ発言の主旨に影響を与えないもの
については、ご本人の同意のもと、一部加筆修正をおこなっています。
　本章には、ゲストの経験した困難、Aro/Ace に対する偏見などのエ
ピソードが含まれます。

MEMBER PROFILE・01

あくたべ

年代：20代後半
職業：会社員
性自認：女性
恋愛的指向：アロマンティック
性的指向：アセクシュアル

自認エピソード

今までの人生が腑に落ちた感覚

　大学生の頃から20代前半にかけ、性自認は中性を自認していました。ただ、今思えば世の中の女性らしさみたいなのから免れたかっただけということに気づいたので、現在は女性を自認しています。

　中性を自認していた頃、自分と同じような中性の方々とつながるためSNSにアカウントをつくって交流していました。ある時、アカウントの自己紹介文に「セクシュアリティはパンセク」と書かれている方を見つけました。

　その時は「パンセク」という言葉の意味がわからなかったので、ネットで検索してみたら、LGBTQの用語一覧みたいなのを解説しているサイトに辿り着きました。その中にアセクシュアルという言葉の解

説も載ってました。そのサイトでは「他者に恋愛感情を抱かない」という解説だったような気がします。それを見て私はこれじゃないかなって思いました。

　私は今まで生きてきて、この人を見るとドキドキするみたいな身体的な感覚を味わったことがなかったり、この人の彼氏や彼女になりたい、という欲求を持ったりすることがありませんでした。なので、自分のことを「恋愛に興味がない人」だと思っていました。でも、もしかして恋愛に興味があるとかないとかのレベルじゃなくて、「恋愛感情というものをそもそも持ってなかった」んじゃないかなって考えると、自分の感覚にしっくりきて、今までの人生が腑に落ちた感覚でした。

アイデンティティとしてのアロマンティック・アセクシュアル

　私はアロマンティックやアセクシュアルという言葉に出会ってから、一度も自認が揺らぐことはなく、ずっとアロマンティックとアセクシュアルを自認し続けています。言葉を知った時「自分はこれ以外ありえないな」という確信のような思いを抱きました。
　恋愛をする自分が想像つかないし、「恋愛する自分は自分じゃない」くらいに思っているので、自認というより自分を構成しているアイデンティティのようなものになっています。

MEMBER PROFILE・02

おかじま

年代：30 代前半
職業：専門職
性自認：ジェンダークィア
恋愛的指向：（ア・クワ）ロマンティック
性的指向：アセクシュアル

自認エピソード

「世界から取り残されている」から言葉に出会うまで

　中学校から高校にかけて、皆さん恋愛的な世界を作り出していたと思うんです。それでなんだか疎外を感じてしまって、どんどん世界が切り取られていってしまうような、私だけ取り残されているような気がずっとしていたんですね。

　「大きくなれば恋愛できるだろう、大切な人ができるだろう」と、親や親戚からも言われていたので、そういうものだろうと思っていました。

　しかし、高校生になっても変化はなく、「このままたぶん変化はないんだろうな、皆さんがどんどんどんどん世界を切り取っていって、自分だけポツンと残ってしまうんだろうな」というふうに思って。

　そこですごく不安が出てきて、「恋愛できない」と検索をして、偶

然にじいろ学校さんの記事が出てきて「あっ、にじいろ学校さんというところが似たような悩みを持っている人を集めた交流会をやってるんだ」というふうに知って、はじめてそこに行って。私と同じような皆さんがいらっしゃるわけですね。

　それで、「あっ、自分にもまだ世界が残されていたんだ」というふうに気がついて、皆さんの話を聞きながら、徐々に自認に至りました。アセクシュアルはもう確定なんですが、アロマンティックっていうのがなんだったんだっけ、というふうになってる状況です。

クワロマンティックの自認について

　「クワロマンティック宣言」という論考でクワロマンティックっていう世界観を知りました。

　恋愛感情はわからないけど、恋愛行為はまあわかるわけです。そういうところから「自分は離れていたい」と。「そこに価値は絶対見いださないぞ」という認識はあるんです。

　なのでそういった意味でクワロマンティック・アセクシュアルというふうに、今は落ち着いたかなと思っています。

＊1　特定非営利活動法人にじいろ学校（p.200〈Aro/Aceのリソース〉参照）。

＊2　中村香住，2021，「クワロマンティック宣言——「恋愛的魅力」は意味をなさない！」『現代思想』，49 (10), 60-9.

MEMBER PROFILE・03

かな

年代：20代前半
職業：学生
性自認：女性
恋愛的指向：Aro 上のどこか（クワ or グレイ）
性的指向：Ace 上のどこか（クワ or グレイ）

自認エピソード

セクシュアリティの葛藤

　私は高校２年生まではいわゆる"普通"だと思って生きてきました。でも、高校生の時に、小学生から仲がよかった友達から「彼氏できたんだよね」という話を聞いて「三次元に恋愛って存在するのか」みたいな衝撃を受けて。

　本とかで読む分には恋愛感情を理解できないっていうことはなくて楽しんで読めていたんですけど、「あっ、ほんとにする人いるんだ」みたいな驚きを感じました。

　高校３年生ぐらいの時に、何人か連続して女性に「すごい！めっちゃかっこいい！」みたいな思いを抱くことがあって、そこで「もしかしてレズビアンなのか？」と考えることもあったんです。

　でも、付き合いたいわけじゃないし、これは推しだなって。今まで

二次元の推しはいたんですけど、三次元で推したことはなかったので、「これは三次元の推しか!?」みたいな感じで、とりあえずその時はレズビアンではなさそうだな、と。

　アセクシュアルという言葉は高校生の頃に知ったんですけど、その時は自分とは関係ないことだと思っていました。

　大学生になってから、もう一度アセクシュアルという言葉と出会いました。高校生の時と違ったのは、「もしかして自分は異性愛者じゃないかもしれない」っていう考えを持った状態で出会ったことで、半年くらい「もしかして自分はそうなのかな?」と考えてました。

クワやグレイというアイデンティティについて

　特定の他者がすごい気になっていた経験があって、なので、「アセクシュアルです」といってしまうと、その時の自分をなくしてしまうような気がして。

　そこで、グレイセクシュアル、グレイロマンティックとか、クワロマンティック、クワセクシュアルという言葉を知って、「あっ、こういう概念があるのか」ってなって。とりあえず今はアセクシュアル、アロマンティックやグレイだったりクワだったりというアイデンティティに対して、その時の自分の認識を大切にしようかなというふうに思って2年ぐらい経ちました。

MEMBER PROFILE・04

しんどう

年代：60 代前半
職業：専門職
性自認：女性
恋愛的指向：（クワ、グレイ）ロマンティック
性的指向：クワセクシュアル

自認エピソード

結婚したけど、恋愛・性愛ってなんだろう

　私は皆さんより歳が結構上の方だと思うんですけれども、LGBTQとかAro/Aceの概念って出てきたのがここ10年とかだったと思うので、私自身はあまりいろんなことに疑問を持たないで、言葉を知る前に世間一般のように結婚して子どもを産んで、離婚はしたんですけどもそういった流れで現在に至るという感じです。

　で、ある時にLGBTという考え方に巡り合って、にじいろ学校さんとも関わるようになって、「あれ？今まで自分が歩んできた人生はなんだったんだろう」というふうに疑問に思うようになりました。
　結婚についてもそれまで人と付き合ったことはなく、はじめて付き合った人と結婚したんですけれども。

　自分のこれまでも含め、恋愛について考えていくうちに、世間の人が持っている「恋愛感情」ってなんだろうとか、性欲の対象の人に対して恋愛感情を抱くのかとか、そもそもどういうものが恋愛感情なのかとか、外見だけで好きになってるのかとか、そういったことがちょっとよくわからなくなって。

　それで、自分のことを知りたいという気持ちで、皆さんの話を聞いて勉強させてもらいながら、皆さんの仲間でいさせていただいている感じです。
　一応今回自認しているセクシュアリティは「クワロマンティック、クワセクシュアル」というふうに答えたんですけれども、ちょっとまだ模索中という感じです。

恋愛への憧れ

　若い頃から恋愛してる人とか楽しそうに見えたので恋愛に対する憧れみたいな気持ちはあったんです。
　でもいざ自分がその舞台に上がれるかっていうと上がれないような感じだったので、未だにその憧れが打ち消せないというか、どこかいつか、自分がすごくビビッとくるような恋愛にはまるような時期が来るんじゃないかって。
　もう諦めてるとか恋愛に乗らないって決めてらっしゃるって方もいたと思うんですけど、私は未だに、この歳になっても、たまに私に関心を持ってくださる方とかが現れたりすると、「あ、もしかしてこの人のことを好きになれるかな」とか、ちらっとよぎったりはします。

　結局人間性を見るとがっかりすることも多くて、ちゃんと舞台に上がって、恋愛したりするっていうのはできない状況なのかもしれません。
　やっぱり自分は恋愛できないグループにいるのかなと思いつつ、憧れは捨てきれない感じでモヤモヤしています。
　ただそのあいまいなものが好きだっていうのもあるし、モヤモヤした感じのまま生きてるという感じですかね。

MEMBER PROFILE・05

つくし

年代：20 代前半
職業：専門職
性自認：女性
恋愛的指向：クワロマンティック
性的指向：アセクシュアル

自認エピソード

はじめて共感できた物語

『17.3 about a sex』というウェブドラマが2020年にあって、こんなに共感できるドラマあるんだって思ったのが最初のきっかけです。主人公の一人がアセクシュアルを途中で自認して、自分を受け入れていく、みたいなストーリーで、その子にこれまでにないぐらい共感して。

その少し前ぐらいに、私が関わるところで恋愛じみたことが起きていて。でもなんかそれについていけないというか、とくに恋愛のゴールが性行為というところがすごく苦手だなって。その気持ちを代弁してくれたのがそのドラマで、聞いたことはあったけどもしかしたらアセクシュアルかもって。

それから検索して、いろいろ説明を見ていくなかで、まあこれかな

って感じで自認しました。「自分これでいいんだ」みたいな安心感は
あったかなと思います。

クワロマンティックを自認したきっかけ

私には、尊敬してるというか、もっと知りたいなという異性の人が
いたことがありました。たくさん話したいし、いろんなところに行っ
たりとかしてみたいけれども、これは恋愛なのかどうなのかというと
ころが結構引っかかっていて。たぶん周りが見れば恋愛なんですけど。
でも、なんかわかんなくて。

で、過去にも一応パートナーがいた時もあったので、その経験も踏
まえると、アロマンティックって言い切れない部分があるのかなって。
そんな中、『現代思想』という本の中の「クワロマンティック宣言」
を読んだ時に、「あっ、こういう考え方があるんだ」って。クワロマ
ンティックは恋愛感情とその他の感情を分けないというか、わからな
いし、わからなくてもいいみたいな、自分には関係ないって言い切れ
る部分があるので、そこにすごく共感して。クワロマンティックが今
の自分には合ってるのかなって思って、クワロマンティックと自認す
るようになりました。

MEMBER PROFILE・06

とも

年代：30代前半
職業：専門職
性自認：女性
恋愛的指向：ロマンティック
性的指向：アセクシュアル

自認エピソード

レズビアン自認からアセクシュアルを知るまで

　自認はロマンティック・アセクシュアルです。
　10代後半〜20代前半はレズビアン自認をしてました。

　私の出身地は都会とまったく違って当事者交流会がまったくなかったんです。
　レズビアンの人と出会うってなっても1か所かそういうところがなかったですし、場所があっても行こうとは思わなかったです。

　その後、上京してマッチングアプリで女性の方と会って。で、ちょっと思いもよらず性的な関係に発展してしまいました。
　その時にすごい嫌悪感や不快感があり、ふとした時に、桜を見ても、

あの時の、「気持ち悪かったな」とかそういう感情が芽生えるようになって。

　その後、「ノンセクシュアル」っていう言葉を知って、それからはレズビアン用のマッチングアプリで、ノンセクって書いてマッチングしようとしてたんですけど、「恋愛したことがないよ」っていう人と趣味が合ったので会うことになりました。その時に相手から「アロマンティック・アセクシュアルかもしれない」と伝えられて、そこではじめて、アロマンティックとかアセクシュアルという用語を知りました。

アセクシュアルを自認すること

　恋愛の定義がわからなくて、レズビアンの人でも「結局性的な関係を持ったらレズビアンと言えるけど、経験がなかったら言い切れないよね」みたいなことを言う人もいたので、そこでなんかずっとモヤモヤしてるのがあったかなと思います。

　「アセクシュアルなんだ」って伝えると、レズビアンコミュニティでは肩身が狭くなるんですよね。

　だから、レズビアンは受け入れるのがすごく時間がかかったけど、アセクシュアルはモヤモヤしてた部分の気が晴れたなという感じが大きかったです。

Topic 01　困難

Aro/Ace を自認している当事者の方は、日々の生活の中で、どんなことに困っているのでしょうか。学校、職場、医療など、さまざまなところで生じる Aro/Ace 当事者の困難について語っていただきました。

——Aro/Ace であることで感じた困難は？

 おかじま

私は恋愛というものについて非常に抵抗を感じてしまっているんですが、結局私が困難に直面しているのって、男らしさとかあるいは女らしさとか、そういうジェンダー的なものが大きく絡んでいるのではないかと感じています。

私自身、性別に対する嫌悪があって、そして自分自身も男性らしさという檻の中に閉じ込められていると感じていて。それが恋愛というもの自体への抵抗感にもつながっているのではないかと考えています。

恋愛は組み合わせがどうであれ、必ず性別というものありきで成立しているんじゃないかと感じていて。ですから、そういう恋愛的なものや

行為を見た時にちょっと一歩引いてしまうのは、先ほど言ったような性別役割的なところを恋愛から強く感じてしまうから、恋愛そのものに抵抗を感じているんじゃないかというふうに思っています。

 つくし

男だから・女だからといった話、わかります…。私は家族にそういったことを言われたのを覚えています。

大学 1 年生くらいの時に、今後どんな仕事をしたいかとか考えていて、結構しっかりと働きたいと思っていたので、総合職などを考えていたら、「それだと結婚とか出産はどうすんの」みたいなことを言われて。まだ自認前だったので、なんで女は結婚して、子どもを育てないといけないんだろうっていう疑問だったんですけど、深掘りしていくなかで、「そもそも私は結婚するのか？」とか

「その前に恋愛とかをあまりしないよな」とか、そういったことに気づいていって。

女性として求められる生き方的な部分への疑問もあれば、そもそも恋愛をしないという生き方もあるのではという感覚もあり、今はそういった規範が二重で嫌だなと思っているところです。

 しんどう

私の場合は、これといって大きな困難を感じたことはなく、わりと楽天的に、能天気に生きてきたのですが、性別の話で一つ思い出したことがありました。

私は過去結婚していた時期があったんですけども、「女だったら○○して当たり前だろ」とかそういうことを言われると、女性っていってもいろんな女性がいるし、そういうふうに人を一括りにして語ってほしくないなと、チクチク感じる場面はありました。

それと結婚していたこともあるので、「もしかしたら自分もこういうカテゴリーかもしれない」という話を友達とかにしても、「え、そんなことないよ。だって恋愛（結婚）してたじゃない」とか、「何かの間違

いじゃないの」みたいに言われたことはありました。そうすると、こちらもまた揺らいでしまって、「そうだったのかな」、「ほんとのところは自分自身でもわからないな」というふうに思ったりしましたね。

 あくたべ

皆さんのお話を聞きながら、自分のことについても考えていました。

私は恋愛感情を向けられることに嫌悪感がありまして、恋愛感情を向けられると精神が結構不安定になってしまいます。告白されるとか恋愛感情を向けられてるということに気がついた時点で、それまでは普通に人として好きだったのに、突然相手のことがちょっと気持ち悪くなったり嫌いになったり。

さらに、自分のこともちょっと嫌いになるということがあります。

「とてもいい友人関係を築けていたと思っていたのに、なんで告白してくるの」とか、「相手は悪くないな、なんで同じ感情で返せないんだろう」みたいなことをすごく考えて、最終的には自分が悪いみたいな自責の思考になってしまいますね。

私はこういう状態を「アロマンティック・アセクシュアルの振られた

状態」と表現していて。友達として好きだったのに告白されて心が辛くなる状態を、いわゆる片思いをしているロマンティックの方が相手に振られてすごい辛い状態になることに似ていると思って、そのように表現しています。

なかけん

なるほど。そういった捉え方もできるのかと新たな発見でした。

ここまで自認に至るまでの困難や恋愛そのものを捉え直すお話も多かったかなと思うのですが、具体的な恋愛・性愛に関係する行為で困難を感じた経験はありますか？

とも

一つひとつに同意がないというところでしょうか。「異性と遊ぶ＝デート」に解釈されることが多く、「デートしよ？」と誘われたわけでもないのに、帰り際に「またデートしてくれる？」といったことを言われて、「また」ってことは、このお出かけはデートにカウントされちゃったんだって思ってショックだったりとか。

社会にすでに刷り込まれている恋愛・性愛のルールがあるので、セクシュアリティを明かしてみたところで「抱けないんだったらご飯おごっ

てないんだけど」みたいなクレームを入れられちゃったりして、「ごめんなさい」という気持ちになってしまうこともあります。

しんどう

少し質問から外れてしまうかもしれないんですが、恋人とされる人は手をつなぐみたいなイメージありませんか？

私ちょっと前に孫が生まれたんですが、孫と手をつなぎたいって思うんですよ。ただ、その気持ちと、恋人と手をつなぎたいということの区別が私はつけられないんですよ。だから、そこら辺の区別が難しいというのも社会のイメージする恋愛・性愛と少しずれがあるのかもしれないですね。

——学校であった困難は？

つくし

学校のことで一つ話したいことがあります。大学のある授業 で、2時間ほどの洋画を観て、その内容に対して最後感想を共有して発表するといったスタイルの授業があったんですけど、その洋画が結構セックスシーンが多く出てくるもので。

30分の中で3回ぐらいそのシーンが出てくるような時もあり、私にとってはすごくえぐい動画を見せられて。ちょっと気持ちが悪くなってしまいました。

で、その後の話し合いの時になった時には、「やばくね」みたいな空気感で、周りがちょっと興奮気味だったんですよ。私はそれについていけなかったし、映画の内容をその場で話さなくちゃいけないというのもストレスでした。性的なシーンに触れなくても映画の主旨を語ることはできるけれど、でもやっぱり深く理解するには知っておいた方がいい要素みたいな感じだったので、それを前提に話さなきゃいけないのも嫌だったし、授業なので成績に関わるというのもすごく嫌で。

それがハラスメントとして認定されるのかとかも考えたのですが、「多分大学に言ったところでわかってもらえないかな」と思い、話せないしきつかったなという経験がありました。

 とも

学校生活で、恋愛・性愛というのが避けて通れないみたいなところありますよね。なんか10代って必須科目に恋愛がある気がするんです。

私は恋愛感情を抱く一方で、恋愛ものの作品も苦手だし、恋バナも苦手なんですけど、自分が苦手だということに気づかずに無理してしまう人もいるんじゃないかなと。

10代の時は、「未熟だからなんも想像できないんだろうな」とか「大人になったらもっと性的な感覚が湧くんだろうな」とか感じていたので、ふわっとした状態の時にもっとアロマンティックやアセクシュアルという言葉がそばにある時代になればよいななんて思います。

 つくし

とてもわかります。私も将来恋愛しなくていいみたいな選択肢を知っていればもっとよかったかなって思って。

というのも大学に入ってから、キャリアとかの文脈で「うちの会社は、出産しても働けます！」みたいな、わりと現実を見るようになった時にすごいショックを受けたので、早いうちにいろんな生き方を知れる優しい世界になってたらいいなっていうことはすごく思います。

──職場での
困難はあった？

 おかじま

　先ほどのジェンダーの話とつながりますが、「男はもっとガツガツいくべき」といったところから、やっぱり職場などでは「付き合ってる人はいないのか、どうなのか」といったことを聞かれることは非常に多いです。

　そういう時に、以前は「アセクシュアルというもの、アロマンティックというものがあってですね」と話していたのですが、話の腰を折ってしまうというか、話の温度を下げてしまうんですよね。

　みんなワイワイしている中でさらりと聞いてきた質問に対して、重たい感情で答えるような状況になってしまい、非常に申し訳ないなというのが最近感じていることでもあります。

 とも

　私も職場などで「ともちゃんは結婚とかどうしたいの？」と聞かれて「したくない」と言っていたら「口から言うのは言霊だからそういうことは言っちゃダメだよ」と言われたりとかありました。

　それに職場の人とのやり取りで一番ひどかったのは、私が色気がない・男っ気がないから、恋愛してないんじゃないかって心配してるぞという感じで、ノリでセクハラをされたことがありました。それで「なにするんですか！」って言ったら、「経験がないんじゃないかと心配だったから」と言われて。いわば男性社会のノリでそういったことをされて、結果冗談で終わっちゃったというのが一番大きな出来事でしたね。

　一番きついのは、職場のそういった差別とかいじめのようなことに耐えられなくなると、働けなくなるので経済的に食べられなくなっちゃうじゃないですか。となると、もう「食いぶちを失う」状態に直結するので、これらのことは命に関わることだと私は思っています。

──生活の中でもいろんな
困難が…？

かな

　私は現時点では基本的にあまり困難なことはないんですけど、一つ自認後にムカついたことがあっ

て。

　私は高校生の頃から歯の矯正をしてて歯医者さんに通ってたのですが、それがわりと長く続くものなので「これっていつぐらいまで続くんですかね」みたいな質問をした時に、当然のように結婚・出産をする前提で話され、「はぁ？」て思うことがありました。私はその時すでに自認していたので、こういう人にカミングアウトすると、返ってくる言葉で絶対に精神的にやられるだろうなと思ったので「どちらも今のところするつもりはありません」と、それだけ返しました。

　そうしたら、「最近の若い子は」みたいに返され、それも「やれやれ」みたいな感じで言われ…。その時はもうそれ以上何かを言うのはやめました。

　社会のいろいろなところで「やっぱりいつか結婚とか出産とか恋愛はするよね」みたいな感じの雰囲気を感じることはあって、そういう時は「はぁ（呆れ）」みたいな気持ちにはなります。

 つくし

　私は初診の産婦人科で、開始早々いきなり「セックスしたことある？」と聞かれて、もちろん必要な情報ではあると思うんですが、いき

なりで驚いたのと、その質問に「ない」と答えたら「これからするかもしれないから」ということを言われて、「やはり想定されてないよなぁ」と思った経験はありました。

 なかけん

　確かにAro/Aceの存在は想定されていないことが多いですよね。

　ひどい場合だと、恋愛しない人や性経験がない人をバカにするなんてこともありますよね。

　現状だと、そういうひどい目にあった時に相談できる場も少ないですし（詳しくはp.55参照）、頼った先のカウンセリングでも「自分の性的な部分を抑圧しているんじゃないかな」って言われたという話も聞いたことあります。

　生活の中でもいろんな困難や小さいモヤモヤが溜まるような出来事は多くありますよね…。

Topic 02　カミングアウト

カミングアウトをするのか、しないのか。するならいつ、誰に、どんなふう
にするのか。カミングアウトにまつわる話題は尽きないもの。Aro/Aceを自認
している当事者のカミングアウトのリアルについて語っていただきました。

──カミングアウトってしてる？

 つくし

LGBTQ+にある程度理解がありそうな人で、伝えたいなって思えた人には伝えています。具体的には友達、大学のジェンダー論を勉強してた子、5人ぐらいですかね。

友達はある程度知識がある人たちだったので、「あ、そうなんだ」とか「話してくれてありがとう」みたいな感じで受け入れてもらえたのかなって感じがしてます。

あと、大学院のゼミの先生にもしていました。実は大学院時代にAro/Aceを研究テーマにしていたので、それをテーマにしたいという時に先生にも伝えたら、ちょっと驚かれました。
でも、「そうなんだね」ってちゃんと受け入れてもらえた感じでした。

 あくたべ

私は自認したばかりのころ友人2人に伝えました。意を決してしたカミングアウトというわけではなくて、自分の最近の気づきみたいなのを聞いてほしいという気持ちで、普通の雑談の中で話しました。

ゲームをしながら「この武器ってあのモンスターの素材で手に入るよね」みたいな会話の中で、「私は恋愛感情がないかもしれない」と話しました。もともとその子たちには恋愛に興味がない人だと思われてたので、それを伝えても、「そっか」みたいな感じで会話が終わって「でさ、あのモンスターさ…」と続きが始まる、そんな感じでした。たぶん2人はもう私がそれを伝えたことを忘れてるぐらいフラットな会話だったのかなって思います。

カミングアウトというほどではないですが、今は誰かに恋愛や結婚について聞かれたら、アロマンティックやアセクシュアルという用語は使わずに、恋愛も結婚も興味はないんだよねという返答をしています。

 かな

あくたべさんの話とも近い部分があるなと聞いていたのですが、私もカミングアウトは「意を決して」というよりもわりと流れですることが多くて、友達と話してて恋愛の話になった時に、「私、アセクシュアルなんだよね」とか、「私、恋愛感情とか性的魅力を他者に感じない人なんだよね」みたいな感じで言うことが多いです。

でも、「カミングアウトしなければよかったな」とか、「してすごい嫌な反応が返ってきたな」ということは幸いなことに今までなかったです。

ただ、グレイとかクワとかまでは、正直伝わらないって思って言わないことが多いです。

ジェンダーとかセクシュアリティの授業を取っている友達とかだと、「アロマンティック・アセクシュアルです」みたいなふうに言うこともあるけど、そうじゃない時は、「恋愛的にも惹かれないし、性的にも魅力を感じないです」みたいな感じで言うことが多いです。

 しんどう

私も友人には話しました。まさに先ほど話した一番仲がいい友達にちょっと話をしたことがあったんですけど、その時に「え、そんなことないよ」っていうふうに言われてしまったことがありました。

それで私自身も、まだ日によって考えが変わったりモヤモヤしてるところもあるので、「もう別に人に自分のことをわかってもらわなくてもいいか」っていう気持ちが強くなりました。

 おかじま

限られた人にだけ伝えられている方が多いんですね。

私の場合はセクシュアリティを完全にオープンにしていました。

ただ、一回、友人にこの話をした時に「私は恋愛感情っていうのを持たないし、性的な接触っていうのも嫌なんだ」というふうに伝えたところ、「あ、そうなんだ大丈夫だよ」って言ってくれた後に「治るよ」って言われたんですよ。

それで結構ショックを受けてしま

って、それ以降カミングアウトには慎重派に転じてしまいました。

とも

それでいうと「治るよ」って私も言われたことあって。以前は伝える時に「認めてよ」とか「受け入れてよ」っていう姿勢で泣きながら言っちゃってたけど、最近は「教えます」って姿勢で話しています。

泣いてシュンてなっちゃったら全部伝えられないから、いろんな人と接する上でのマナーとして「あなたとは違う価値観だったり違う幸せを持って生きてる人がいるよ」っていうことを教えるから聞いてね、といったスタンスです。

——職場での カミングアウト、 どうしてる？

つくし

今の仕事だと、志望動機が自分がAro/Ace、マイノリティであることと結構つながっていたので、面接の時にカミングアウトをしました。

「（マイノリティの）当事者をどう捉えるか」みたいなところを、学生時代にずっと考えてきて、それをもとに仕事ができたらいいなって思って今の福祉関係の仕事を選んだので、

「その気持ちを伝えるためにはやっぱり面接の時点でカミングアウトしたい」って思いました。

逆にそれを受け入れてくれない会社だったらそこでは絶対働きたくなかったです。

今の会社はすごく理解があるというか、新入職員研修でもLGBTQの研修があったりとか、あとは管理職も必ず研修を受けてるという話を聞いてたので、ちょっと安心してカミングアウトできたかなって思います。その時の面接官は「そうなんだね」って、大学の先生と同じように話を聞いてくれました。

とも

私も職場の人に自身のことを伝えたことがあります。

職場のマネージャー的な人に「男性主体の職場での恋愛の圧だったりセクハラが辛いし、話を合わせて自分を偽って生きるのはもう辛いし、だからといって受け入れられる人たちじゃないし、限界がきてます」と言った時に「差別してしまう人とか、理解できない人っている中で、今まで話を合わせてくれたんだね。嘘ついてくれたり、話を合わせてくれて、その場を汚さないようにしてくれてほんとにありがとう、でも辛かったんだろうから、代わりにだけどごめ

んね」って言ってくれたことが嬉しかったです。傷が癒えたなと思いました。

また、すごい丁寧で謙虚な先輩に話した時に「わー、全然知らなかった、教えてくれてありがとう」みたいなことを言ってもらって、「そうだよな、教えてくれてありがとうだよな」って思ったんですよね。

でも、その反応をできる人って本当になかなかいないと思うし。自分も他のマイノリティの人とか、いろんな人にそのことを打ち明けてもらった時にそういう反応をしたいなと思います。

——家族へのカミングアウト、どうしてる？

 かな

さっきわりと流れでカミングアウトすることが多いと言ったんですが、唯一「カミングアウトするぞ」って決めてしたのが家族です。

ちょうど20歳の誕生日の時に、「言うか」みたいな感じに決めて、確か父には、将来の話になって仕事を選ぶ時に「やっぱり福利厚生とか育休とか、そういう面は大企業の方がしっかりしているよ」みたいな話になり、「あ、これはチャンスだ」

と思って、その流れで私はカミングアウトしました。

「結婚や出産をするつもりはない」というふうに伝えて「あ、そうだったんだね、じゃあ一人で食べていくには稼げるようにしないとね」みたいな反応が返ってきました。

でも、実は「父は私が結婚しないと言ったことがショックだったらしい」と翌日母から聞いて。それを出さずにいてくれたのがすごいありがたかったなと思いました。

妹は、そのカミングアウトの直前に髪染めようかなみたいな話を私がしてたんですけど、カミングアウトよりも「かなが髪染めたいって言った方が衝撃だった」と言われて、「あ、こんなもんなんだ」みたいなふうに思ったことはあります。

 おかじま

私の場合は、親の記念日に食事を一緒にしていて、「土日なにやってるの？」って聞かれた時に、「NPO法人のお手伝いをしてるよ」って言ったことがあって。そしたら必然的に「どういうNPO法人なの？」っていう話になって、セクシュアルマイノリティの方々のサポートをしているという流れで、もう言っちゃおうと思ったんですね。それで「自分はアセクシュアルとかアロマンティ

ックという言葉がぴったりだと思ってる人間で」って話したんですけど、「あ、そうだったんだ」って感じで終わりました。

やっぱり必要性に尽きるんだろうなと自分は思っていて。

この方が自分に対して興味を持ってくれている、理解しようとしてくれている、だから私も隠し事せずしっかりと言いたいという気持ちが出てくるんだと思います。

説明のしやすさという点では、『恋せぬふたり』だったりとかいろんなドラマが出てきているので、こういうドラマの登場人物と同じような心境だよとか言ったら、ほんとに興味を持ってくれる人はそのドラマを見てくれるんですね。それで一層結束力が高まったりというのはあるかなと思います。

 あくたべ

おかじまさんがおっしゃったようにカミングアウトは必要性だと思っていて、私は必要な状況に迫られたことがないので家族には言ってないですね。

でも、家族関係でちょっとショックだった出来事があって。

親戚の家に遊びに行った時に、

「まだ結婚しないの?」みたいなことを私が聞かれて。で、母がその時に、「いや、結婚とか興味ないんだよこの子」って返してくれたので、私としてはすごく「あ、理解のある母だな」と思って。その時は「言ってないけどなんかわかってくれてるんだな」と思って、能天気な感じでありがたい親を持ったなって思ってたんですけど。

別の日に家族ですごいお酒を飲んだ時に、べろべろに酔った母が、「いつ結婚するんだろう」って言ってたんですよ。

だから、その言葉を聞いて、本心では結婚してほしかったんだなって思いました。

 つくし

あくたべさんと同じく、私も家族にはカミングアウトしていません。するつもりも正直ないかなっていう感じです。

理由としては、LGBTQにちょっと疎いというか、結婚・出産どうのって言ってくるタイプだったので、まあ今はわかんないんですけど、そこと無理に戦う必要はないかなって思っています。

 とも

価値観が違う家族とどうやって向

き合うかは考えますよね。

私は、「私自身が10代のうちから悩んで自認するまでに10年もかかったことを、その1日で理解したり受け入れたりしなくていいよ」っていうふうに寄り添う形で母には伝えました。

何年かかるかわからないし、母は孫が見たいとか思うだろうし、私はそう思ってないけど「どうしてこういうふうになってしまったんだろう」ということを思うかもしれない。母の幸せの価値観としては不幸だと思うかもしれないけど、そういったものを簡単に変える必要はないよということも伝えたいと思って、そういう言い方をしました。

 しんどう

私は親側の立場でもあるので、皆さんのお話をなるほどと思いながら聞いていましたね。

私は、身近な家族だと場合によっては傷つく内容だったりするのかなぁと考えたこともあって。子から親ではなく、親から子に伝える形だと、子どもからすると、自分の親がそうだったのかっていうのを傷つき体験として受け取る場合もあるかもしれないので、今は家族の誰かにカミングアウトしたりということは考えてはいないですかね。

 なかけん

皆さん、「家族」という大きなテーマについて、いろいろなお話を聞かせてくださりありがとうございます。先ほど、あくたべさんから、親戚の方から「結婚しないの?」という質問があったという話がありましたが、親子関係だけでなく、その他の家族や親戚の方へのカミングアウトはどのように皆さんは考えられていますか?

 おかじま

祖父とか、もっと上の年代の人には言ってないです。言ったところで理解されないだろうって気持ちがあるので。

ただ、本当に大事だと思っている方には、カミングアウトを積極的にするようにしています。

 かな

私も祖父母には言えてないです。やっぱり年代的、年齢的なものもあるし。祖父の誕生日におめでとうって電話をかけた時に祖父がめちゃめちゃ酔っぱらって、「結婚はまだ?」的なことを聞いてきたんですけど、「もう酔っぱらってるから何言っても無駄だ」と思って、とりあえずその日は言うのをやめました。

Topic 03　パートナー

あなたには理想のパートナーシップ像がありますか? Aro/Ace を自認している当事者の中でもパートナーに対する考え方は人それぞれ。そんな Aro/Ace のパートナー事情について語っていただきました。

――パートナーほしい・ほしくない?

 かな

パートナーはめっちゃほしいと思ってます。私は人との関わりがないととても辛くなるなっていうことをコロナ禍になってからすごい実感しました。

コロナ禍が始まったのが大学入学と同時あたりだったんですけど、自粛期間に家にずっと居た時に家族以外との会話がないとすごく心が辛いってことに気づいて何度も友達と電話してました。

それをきっかけに、私は人との交流がとても必要な人間なんだなっていうのを強く感じました。

この社会で生きていく希望が全然ないので、一緒にサバイブする仲間がほしいとすごく思っています。

現時点の自分は恋愛感情を向けられることに嫌悪感はないと思っているので、もしその相手がそういうロマンティックなこととかを望むんだったら試してみるぐらいだったらできるのかもなと思ってます。

 つくし

なるほど。私の場合は、今後パートナーは一応ほしいとは思ってるんですけど、恋愛に関しては、仮にそういう感情を向けられていたとしても、それをごり押しとかしてこなければ、なんとかいけるのかなとは思ったりはしつつ、絶対性愛は介したくないと思っています。

なので相手のセクシュアリティとかジェンダーはとくに、まあ今のところは何でも大丈夫なのかなとは思ってます。

理想のパートナー像としては、さっきかなさんがおっしゃっていたよ

うな一緒にサバイブできる関係というか、相棒みたいな感じの人がいたらいいなとは思っています。

学生の時に、結構冗談で、お互い老後も独り身だったら一緒に暮らそうみたいな話をした友達がいるんですけど、まあ老後とかじゃなくお互いあんまり結婚しない感じだったら、そういうのもありだなって思ったりはしてます。

あとは、Aro/Ace当事者が集まる交流会に参加した時に、お互いが緊急連絡先になれる関係みたいなことをおっしゃっていた方がいて、「あ、それいいな」って思いました。

 おかじま

かなさんやつくしさんから「相手がロマンティックなことを望むような人だったら〜」という話がありましたが、私はやっぱり恋愛的なパートナーというのは考えるだけで苦しくなってしまいます。

ただ、お二人がおっしゃったようにサバイブするような関係性っていうのはすごく素敵だなと思います。そういう関係性に憧れている自分はいるのかなと思います。

複数人でもいいので、猫を一緒に飼えるようなグループができたらいいなというふうにも思ってます。

 あくたべ

私はパートナーほしい派ですが、定期的に「あ、いらないな」とか思うので、いるかいらないかは、しょっちゅう変わりますね。

皆さんの話を聞いていて、パートナー像や理想の関係性に「サバイブ」という言葉が出ていたと思うのですが、私は今パートナー像として思ってるイメージを聞かれると家族のような人だなと思ってます。

というのも、私にとって一番気楽に過ごせる相手というのが今のところ家族なので。家族っていうのは、好きとか嫌いとかいう目で見てないところがあるし、家族からも見られてないので、このフラットな関係性に居心地のよさを感じています。

私は寂しいという感情がない人間なので、人と生きなくても大丈夫なんですけど、「友達」の場合だとどこまで行っても「友達」の枠から出られないっていうか、赤の他人同士だなという感覚があり、ちょっと虚しさみたいなものを感じる時があります。

なので、その赤の他人の枠を超えたフラットな関係性の人が自分の人生に増えてくれればありがたいなと

思ってます。

 しんどう

お聞きしていて、皆さん自身の中で整理されてるんだなぁと感じました。

私は正直なところ、パートナーというのがどういう人なのかっていうのが整理できていないです。

友達はできるんですけれども、同居したり恋愛する対象っていうのの具体的なイメージが絞り込めてないっていうのが近いんですかね。

私は一応シスジェンダー女性だっていう認識なんですけど、恋愛対象になりえるのは男性なのかなって思いつつも、もう男性とパートナーになるのはちょっと難しいかなって思っています。

かといって女性とパートナーっていうのもちょっと違うなっていう感じもあり、自分でも結論が出ていません。

なので、いろんな人と付き合っていく中で尊敬に値する人とかすごく自分に合うなという人は現れてくるとは思うんですけれども、そこから関係性を深めていくということが現実的にちょっとイメージできない感じですかね。

 とも

私の場合は、パートナーって今後呼ぶ人がほしいなってすごい思ってるかっていうと今はそんなに思っていないです。

ただ、もし好きな人ができるとすれば、ロマンティックなことを一緒に楽しむといった恋人同士みたいなことをしたくないので、恋愛が理解できる人だと、わりと辛かったりプレッシャーになるかなぁと思ってます。

どちらかが自分のセクシュアリティが悪いんじゃないかとか、自分が恋愛感情があることを責めちゃったりとか、ないことを責めちゃったりとか。

お互い責める必要がないのに考えてしまう場合もあって、でもどういう形で、どんな関係性でいたいかという話をお互いでどう伝え合えばよいのかわからなくて。

今はその方法がわからないし、学び方も模索中なので、パートナーなどについても、お休みというか、止まってます。

 なかけん

私の当事者の友達には「一人で生きていきたい！」という人もいるので、パートナーに関する考え方も人

それぞれですよね。

──過去にパートナーはいた？

  とも

パートナーという点では、過去に1回、アロマンティック・アセクシュアルの人とお試しで付き合ったことはあります。でもなんか、やっぱうまくいかないねってなってすぐ友人関係に戻りました。

 かな

私は今までパートナーとか誰かとお付き合いしたことは一度もないですね。

 つくし

私は「パートナー」という存在は過去に一応いたかなって思います。

ただ、その時は恋愛だって思っていたものの、今考えるとただの幼なじみの延長みたいな関係性だったので、それは恋愛なのかな？みたいな感じです。

 あくたべ

私の場合は、過去に交際していた人はいたんですけど、先ほどお伝えした今の自分が考えるパートナーの価値観に照らし合わせると、「パー

トナー」とは呼べない人なので、ただ「交際してた人」ということになるかなと思います。

現在はどうかといわれれば、私の価値観でいうと、家族がパートナーということになりますね。

──パートナーを考える時のポイントって？

 **つくし**

自分がパートナーがほしいって思っている理由の大きな部分は、経済的なところなのかなと思っています。

経済的というか、「緊急連絡先になってくれる」「何かあった時に助け合える」みたいな、経済的な面だったり制度的な面で支え合える人がほしいっていうのが結構大きいです。

ただ、もし「一人でもまったく大丈夫」みたいな社会であったとしたら、もしかしたら私は「一人でもいいかな」って言いそうな気もします。

ご近所さんとかそのぐらいでもいいんですけど、確かに人との関係は何かしらはほしいとは思いつつ、ずっと一緒にいる人はいなくてもいいのかなとは思います。私はわりと一人も好きなタイプだし、一人の時間がないとちょっと苦しいタイプでもあるので。

なので、私の「パートナーがほしい」という感情に寂しさがあるとしたら2割とか3割ぐらいで、残りの結構大きな部分はいろんな制度的な経済的な不安みたいなところが大きいのかなって思ってます。

 あくたべ

今のお話を聞いて、私の場合経済面については、仕事が好きなので困ることは今のところないのかなと思ってるなと感じました。なので、そこはあまり心配はしていないです。

孤独や寂しさといったところでも、私は孤独を感じないタイプなんですけど、「なんで感じないのかな」って考えた時に、SNSがあるからかなと思いました。

SNSのみんなが今日何したとか、これ食べたとか、どこ行ったとか、何を考えて感じたかみたいなことを呟いているのを見てるだけで、交流欲みたいなのが満たされる気がします。

年齢を重ねてもずっとSNSが残っているのであれば、多分孤独にはなってないかなと思います。

 しんどう

今、経済力のことと寂しさの話を出していただいたんですけど、それプラス、「パートナーがいると社会的に認められる」とか、そういうの

も人によってはあるのかなと思いました。

私は基本的に人間は一人で生まれてきて一人で死ぬんだなというふうに思っているので、経済的な面では、一人だろうとパートナーがいようと、できるだけ自立できる力をつけたいなと思っているんです。

あと寂しさといった精神的な面だと、パートナーだけではなく、他に社会のコミュニティとつながっていたりとか、そういう形もありなのかなと。今は勤めているので勤め先だったり、近所とのお付き合いがあったりして、意外に今一人でも寂しくない感じがあります。

だから、ちょっとネガティブな言い方かもしれないですけども、「寂しさを紛らわす」にはそういう方法もあるかなって思います。

私は子どもとかがいるから、一緒に暮らしてる人がいなくても全然寂しくないというのもあるかもしれないです。

あとは、パートナーができたら将来が楽かっていうとわからないなぁとも思います。

女の人の方が大体長生きじゃないですか。だから結婚していても最後は一人になる人もいますよね。もっ

と歳とっちゃうとどう思うかはわからないんですけど、そんなことも思ったりします。

それに、周りの80代くらいの方が「この歳になっても旦那は何もやってくれない」って言ってて、「ご飯毎日作るの大変なのよ」なんてぶつくさ言っているのを見ると、「パートナーができたから老後が楽」かっていうと逆に大変かもっていう感じもします。

 とも

今皆さんのお話を聞いていて、新しい気づきがあったので共有したいんですけど、私にとって「パートナーを作るか否か」は皆さんと違う意味で経済的なことと関連してました。

孤独が平気だからパートナーをつくる気がないということより、パートナーを諦めた結果、孤独と寄り添って生きていこうっていう感じが今の私には近いなぁと思っていて。

パートナーという存在だとどうしても頼ってしまうのが嫌なので、私の場合は「経済的な面でパートナーをつくる」ということ自体を諦めてる状態。

正直、自分自身が「もうしんど

い」「働けない」っていつなるかわからないじゃないですか。だから、そういう状況になった時、例えば、パートナーがいるとか、結婚をしてるとかになったら、負担をかけたくないって感じる気がするので。

それならもう自分だけで回す、自己責任で生きていく方がたぶん楽なんじゃないかなと思うんです。

 かな

なるほど。皆さんからは経済的な話も多く出たと思うんですが、私の場合は逆にめちゃめちゃメンタルと結びついてるなと思いました。

以前、寮に住んでた時は自炊していて、その時に同じ寮の友達と一緒に作って食べたりしたのが楽しかったので。同じマンションの別の部屋とかでもいいけど、たくさんおかずを作った時に「温かいまま分けられる距離」に住みたいなという気持ちはすごいあります。

たぶん寂しいのかな、なんだろう。誰かを近くに感じたいと思います。

少なくとも私は皆さんのお話を聞いてて、現在実家暮らしの学生ということもあると思いますが経済的とか、緊急連絡先みたいな社会的・制度的なこととかより、めちゃめちゃ情緒面で強く結びついていたいと思っているんだなと感じました。

——パートナーとは一緒に暮らしたい?

 なかけん

個人的には、社会では結構「一緒に生計を立てる・暮らす」みたいなところも軸になっているのかなとも感じたりします。

 しんどう

私はこのAceに関すること以外にもいろいろ問題はあったのかもしれないと思いつつ、結婚がうまくいかなかった経験があるので。

今は他人と一緒に暮らすということはもう一切考えていないですね。

あくたべ

私は家族以外の人と暮らしたことがないので、経験として一度は一緒に住んでみて他人と暮らす摩擦みたいな大変さを味わってみたいとも思ってます。

と言いながらもパートナーと一緒に暮らすかどうかは重要ではないと思っているので、同居してもいいし、離れて生活してもいいと思ってます。

 つくし

私も先ほどお伝えしたような、なにかあった時に頼り合える人とは、

一緒に暮らしてもいいし別居でもいいかなと思ってますね。

 とも

皆さんと、少し異なるなぁと思ったのは、私は一人の時間がないとしんどくなっちゃうので、現状、母以外の誰かと住みたいとは思っていないです。

あ、ただ、猫と過ごしたいという気持ちは強いですね。

——結婚についてどう思う?

 おかじま

結婚って現状「結婚した夫婦」が保護するに値するものだからっていうことで、国が制度として決めているものなので、これもやっぱり私には縁遠いものなのかなというふうには思います。

また、結婚制度っていうのはそもそもどういう組み合わせであれ、性別ありきのものなので、ジェンダークィア[*1]というかジェンダーに対して少し困難を抱えてる自分にとってはこの選択肢はきっとないんだろうなと思います。

＊1　性自認が、男女どちらかという考え方にあてはまらない、または流動的であることなどを指す言葉として使われることがあります。

あくたべ

おかじまさんの「性別ありき」という話とも近いですが、私は「自分が女性である」ということを殊更思い知らされるようなことはちょっと苦手で耐えられないので、結婚と出産はどっちも無理かなと思ってます。でも子育ては大変そうだけど、学べることも多い気がして、味わってみたいなって思ってます。

 とも

基本的に私にとって、結婚は縁遠いものだなとは思ってます。

ただ「本当にお金がなくてどうしようもない」という時などに突発的に、「お金のある男性と結婚して、子どもを産んだ方がもう幸せなのかな」って思う時がたまにあるけど、絶対そういう時は自分を見失ってるから「やめよう」って思います。

個人として縁遠いとは思いつつも、社会全体の動きとして、同性婚はすごく興味があるので早く法律で結婚として認められてほしいと思います。また、「結婚だとジェンダーが絡む」という問題から、パートナーシップ制度といった選択肢を選ぶ人もいると思うので、パートナーシップ制度や他の制度で結婚と同等の影響力のあるものがあればいいなというのは考えてます。

ただ、おそらくパートナー関係に関するどういった制度ができてもべつに結びたいとは思わないし、自分とは縁がないなとやはり感じています。

 つくし

結婚に関してはおかじまさんがおっしゃっていたような「その関係性だけを国が特権的に認める」みたいなところはどうなのってちょっと思ったりはするんですけど、その時のサバイブの方法として選んでいけたらいいのかなって思っています。

どんな関係性に当てはめるか、パートナーシップ制度なのか結婚なのかは、その時都合がいい方で選べばいいのかなとは思ってます。

 かな

それでいうと選択する権利があるかも影響してきますよね…。

私でいえばどちらかというと女性の方が近く感じるタイプなので、今の日本だと同性婚はできないから無理だっていうことと、個人的に戸籍制度に反対してるので可能になってもしないと思います。

あと、私は情緒がジェットコースタータイプの人間なので、精神的に

安定してる人と一緒に生きていけた
らいいなとは思います。

 しんどう

　私の場合は、過去に結婚をした上
でこのコミュニティに辿り着いたこ
ともあり、どんなふうに結婚・出産
を捉えていたかをお話ししたいと思
います。私は親がわりと高齢で子ど
もを産んだので、歳とってからの子
育てって大変だっていうのを見てい
ました。その時は結婚出産はするも
のと思っていたので、「早く片付け
ちゃいたい」っていう思いもあり、
早めに結婚して、出産までしたとい
う感じでした。

　ただ、先ほどもお伝えしたように
結婚生活においてうまくいかない部
分もあり、いろいろあって今は一人
暮らしになってるんですけども、今
になってみると、もう一人には慣れ
てしまったかなというところですね。

Topic 04 ライフプラン

まだまだ知名度の低い Aro/Ace。Aro/Ace を自認している当事者の中には、ロールモデルがいないことで将来に不安を抱いている人も少なくありません。そんな Aro/Ace のライフプランについて語っていただきました。

——今後はどこで・誰と（一人含む）・どんなふうに暮らしていきたい？

 あくたべ

現在は一人暮らしで、パートナーはいないですが、将来誰かと一緒に暮らしたいなとは思ってます。

20代前半は、一人で生きて一人で死んで、生き抜けたことを証明してやるぞという反骨精神で生きていました。

なぜかというと、私が20代前半に周囲にいた友人たちは「結婚して専業主婦になって早く会社辞めたい」みたいな話ばかりしてくるんですよ。なのでそういう価値観をさんざん聞かされて飽き飽きしてしまって、みんなと違って私は一人で生きられるんだぞみたいなことを証明したいという気持ちで生きていました。

ただ、20代後半になると周囲の「結婚したい欲」も収まってきて、私も自分の生き方に自信がついてきたので「私は一人で生きられるな」という予想がつきました。気持ちに余裕が出てきたので、今は予想がつかないことをしたいなと思って、人と生きてみたいなと思うようになりました。

とはいえ一人でいるのも好きですし、無理のない範囲で人とつながれる新しい人間関係の形を模索している段階です。

 おかじま

無理のない範囲で人とつながれる形は私も模索したいと思ってます。

現在は一人暮らしですが、誰かと暮らしたいかでいうと、自分はストレスを感じやすいタイプなので、同じマンションの別の部屋とかで何か

連携して暮らせたらいいかなとか思ったりする時はあります。

その連携というのは、一対一の関係ではなくて、3人とか4人とかグループだといいなと思っているんですね。

それで、お互い助け合って生きていこうと誓い合って、安否確認をしながら、たまにでいいので集まって、最近の話をしてって、そうやって歳をとっていけたらいいなというふうにすごく思っています。

 つくし

私は今社会人1年目で、職場の拠点が結構いろんな所にあるので異動とかもたぶんあるだろうなとは思いつつ、可能であれば、日常的に会える関係で信頼できる人がいれば、パートナーとしてやっていくっていうのはいいなとは思っています。

また、お二人がおっしゃっていた無理のない範囲で人とつながる方法という意味では、相手としっかり話し合って考え方を共有できることが必要だな思いました。私もそうやって自分や相手に合った関係性をつくっていくのが理想ですね。

 とも

私の場合は、近くで暮らすとした

ら母ですかね。

現在私は一人暮らしで、母は祖母の介護をしながら仕事をしている状態なんですけど。

結構母とは両想いなので、将来は東京に呼んで、「お隣ぐらいで一緒に住みたいんだけど」というふうには私は言ってます。

追加でいえば、お金には困りたくないっていうことと、猫を飼いたいのでお家はちょっとアップデートしてペット可のところに住みたいなとかくらいかな。

母と隣で住めて、猫と過ごせたら幸せだなって思ってます。

 かな

「家族と一緒に」というイメージは私も持ってますね。

性教育YouTuberのシオリーヌさんのチャンネルがすごく好きで、シオリーヌさんの子育てに関する動画とかも見て、「子どもを育てるのに人手は多いにこしたことはないな」ってすごい思ったので、妹がもし子どもを持つってなった時に、近くに住んだりとかして手伝ったり、一緒に参加したいなっていう気持ちはあります。

でもそれ以上のことはまだ全然イメージできてないです。

あくたべ

希望的なことを言うと、私は結婚してる姉がいるんですけど、姉夫婦と住むのもいいなっていうのをちょっと考えたりします。

ある料理家の方の本を読んだ時に、その方は子育てもだいぶ前に終えたような年齢の方なんですけど、その方が妻と妻の妹と3人で暮らしてるっていう話を書かれていました。そういうロールモデルがあるのを知ってから、姉夫婦と住むのもいいかもしれないなって思うようになりました。

しんどう

私は、おそらく今後誰かと暮らすということはちょっと想定していないですねぇ。

一人が快適なこともありますし、一人で歳を重ねていきたいというふうに考えています。

──老後のことはどう考えてる？

つくし

一番心配なのはやっぱり老後のことで、いろいろお金がかかるんだろうなとは思うので、考えてできることはしておきたいなとは思っている

けれども何したらいいかはわかんないみたいな状態ではあります。

就活の時にも退職金とかが整っている会社という点で、今の会社を選んだところもありますし、できるだけ今からいろいろお金のことなどを勉強して、一人でも二人とかでもなんか生きていけるようにしていかなくちゃなってぼんやり考えているようなところです。

あくたべ

私も金銭的な面は準備しておきたいと思ってます。

老後の話で、年齢を重ねると賃貸が借りづらくなるみたいな話を聞くので、そういうのを考えると、現実的には地元の実家に帰って住むことになるのかなって思ってます。ただ、その頃には実家もたぶんボロボロになってしまってるので、そのためのリノベーションのお金とかはちょっと貯めていかなきゃなっていうのは思ってますね。

しんどう

お金のこと、暮らしのこと、考えますよねぇ。

私は子どもがいるので、子どもになるべく迷惑をかけたくないと思っていて。すいませんちょっと年寄りの話になっちゃって（笑）。

なるべく健康寿命を延ばして、最後の最後はもしかしたら施設に入らなきゃならないかもしれないんですけども、一人暮らしの期間を長くして、いろんな制度の力とかも借りながら、暮らしていけたらなというふうに思っています。

 おかじま

しんどうさんの制度の力を借りるという話とも近いですが、老後に例えば、一人暮らしで何かがあった場合とかっていうのは、もうテクノロジーに頼るしかないかなというふうに思っているので、そこまで現実的な対応は心配ではないです。

ただ、一人でいる時間が長くなると孤独というものをすごく感じやすいので、こうやって人と交流する機会を大事にしつつ、新しいパートナーの形を模索していけたらいいなというふうに思っております。

 とも

「孤独」とどう向き合うかという話もこのコミュニティでよく聞きますよね。

ただ、私の場合は孤独に対してはまったくネガティブな気持ちがなくて。

例えば家族がいる人でも、そこに理解者がいなかったらその人って孤独だろうし。

孤独死という言葉もありますが、自分の場合、一人だけど、孤独生きしてて。

「孤独死」の真逆を指す言葉がないからわかんないけど、結構孤独な状態で生きてるし、そっちの方が安心するから、孤独を手放したくない自分がいて。

だから、人生を送る中で一人でポツって死んだら他者から見たら「孤独死」かもしれないけど、それに対して私はネガティブな気持ちをどうしても持てないので、孤独が怖いからなにかアクションを起こすといったことは思うことがないなぁと思いました。

もしかしたらあくたべさんが先ほどおっしゃっていたように、寂しいっていう感情が私もあまりないのかもしれないですね。

もっと先の老後でいうと、やっぱりなってみないとわからないっていうぐらい、かな。

体の不自由をまだ感じてないし、これから何があるかわからないし、その時どういう制度があるのかもわからないなかで、なんか今言うのはちょっと難しいというか。

10年前の自分と比べても価値観がまったく変わってきたので。今30だから老後って何年後なのかわからないけど、ちょっと未知数すぎるなっていうのはあります。

 かな

正直まだ私は老後というところに実感が持ててないかなと思います。

これは私がまだ大学4年生で、就職先がまだ決まってないっていうのも関係あるんですけど、老後とかの前にそもそも来年私はどうなっているのだろうかっていう気持ちがすごい強くて。

そういった要素もありつつ、正直この先の自分がどうなっているんだろうっていう不安はめちゃめちゃあります。

 なかけん

老後への不安というのは誰しも抱えるものかもしれませんが、そもそも「結婚」して「出産・子育て」して、というロールモデルしか社会では見えないため、Aro/Aceの方が参考にできる例がなく、余計に「老後」が不安になるという要素はありますよね…。

 つくし

そうなんですよね。

なので、なんかそういうことを教えてくれる人というか、ロールモデルがいたらいいなって思っています。

今はなかなかいない、っていうか見えないので、いろんな人と情報を交換してロールモデルを見つけたいなとかは思っています。

 かな

ロールモデルがないと自分の将来も想像できないですよね。

例えば、幼稚園とか誕生日のカードを作る時とかに将来の夢とか書くじゃないですか。

小さい頃は素直に答えられてたけど、小学生ぐらいから将来の夢がわからなくなって。

それで、将来のライフプランを考えるといった時間が学校などであった時に、何歳の時に結婚して出産してとか、仕事は〇〇で、みたいなことを書くと思うんですけど、私はそれを大学までの自分しか一度も書けたことがなくて、それ以降がほんとに想像できなかったという記憶があります。

 おかじま

ロールモデルがないというのはおっしゃる通りとは思いつつ、アロマンティックとかアセクシュアルとか、

クワロマンティックとかそういう言葉を旗印として私たちが集まれているっていうのはすごく貴重な機会だと思うんですよね。

　それで、まあこうやってお話をし合えるというのは、いろいろなヒントをいただける機会ですので今後も大事にしていきたいです。

　なので、ロールモデルは自分たちで作っていくしかないんじゃないかなというふうにも思っています。

 とも

　ロールモデルは確かにいないなとは思うんですけど、一方でアセクシュアルの人で実際結婚してたり、パートナーの人がいたりとか、若い世代の人がもうすでに結婚前提にアセクシュアル同士で付き合ってるみたいなことはあるって話も聞いたことがあるので、まさにロールモデルはこれから作られていくのかなぁと思いたいですね。

──今後の社会、こう変わってほしい！

 かな

　家を借りる時に、今だととくに男女間のカップルとか、将来結婚する予定とか、結婚してるとかじゃないと複数人で借りづらい状況があるじゃないですか。そうじゃなくても借りられるようにはめちゃめちゃなってほしいです。

 つくし

　すごくわかります。

　年齢が重なると賃貸借りられないとか、早くそういう現状はなくしてほしいです。

　あとは、結婚しないっていう人も増えてはきているし、ずっと一人で暮らしたりとか、もっといろんなパートナーの形を探ってる人もいると思うので、価値観だけじゃなくて、制度の面でも、一人で、いろんなパートナーの形で生きられる社会にしてほしいなって思います。

　今はその人がどれだけ稼いでるかによって生活の質がだいぶ変わっちゃう気がするので、福祉にお金を回してほしいし、一人でも、他の人と一緒でも、安心して最低限の生活ができる社会になってほしいなとはすごく思ってます。

 とも

　あとはやっぱり教育でしょうか。

　学校教育など、みんなが触れる場で最低限、必ず性教育などが行き届

いてほしいなと思います。

それと、医療ですね。医療のシステムの見直しやカウンセリングする人のLGBTの知識ですね。

あとはつくしさんのおっしゃった福祉の強化。

学校、医療、福祉の3つはやっぱり誰でも関わる場所だと思うので、そういうところに教育体制とサポートがあればいいなとすごく思います。

 しんどう

これはLGBTQに限ったことじゃないとは思うのですが、ともさんの言うように小学校とかの教育の中で、マイノリティのことなどを勉強できるようになったらいいなと思います。学校の教育の中で先生にも勉強してもらいたいし、小さいうちから世の中にはいろんな人もいる・いろんな家庭もあるっていうことを勉強してもらえたら、もっとみんなが互いの多様性を受け入れていく世の中になるかなというふうに思います。

それとこれは若い人たちへのメッセージでもあるんですけども、結構私チャレンジャーなので、いろんなことをやってきたつもりではいるんですね。

なので、皆さんもそれぞれ一人ひとり自分にしかない、自分だけの一回きりの人生だから、好きにデザインして、いろんなことにチャレンジして、自分が快適に暮らせるライフプランを立てて、実行していってくれたらと願ってます。

私もそうしたいと思ってますし、みんなもそうできたらみんなが幸せでいいのにな、というふうに思っています。

 なかけん

社会がこれから変わっていくと信じたいですね！

皆さんのリアルな体験をお聞きできて、一当事者として私もとても参考になりました。

本日は貴重なお話を聞かせていただきありがとうございました！

（2023年10月15日、明石書店会議室にて収録）

第 2 章

●

関連する調査

Aro/Ace に関連する調査

　この章では、著者が関わっている「Aro/Ace調査」の結果を一部紹介します。比較のために、その他の調査の結果もあわせて簡単に紹介します。

　Aro/Ace調査の結果は後で説明するように広く一般化できるものではありませんが、Aro/Ace当事者の傾向について考えるヒントになります。それは、第2部第1章p.130〈当事者お話し会レポート〉（以下、お話し会）で語られた一人ひとりの経験をより深く理解する上でも参考になると思います。

　それでは、まずAro/Ace調査の概要からご説明します。

Aro/Ace調査とは

　調査の正式名称は「アロマンティック／アセクシュアル・スペクトラム調査」です（以下、Aro/Ace調査または調査）。As Loop（アズループ）[*1]という団体で実施しました。これまでに2度実施しており、第1回は2020年6月（Aro/Ace調査2020）、第2回は2022年6月（Aro/Ace調査2022）[*2]にそれぞれ約1か月間実施しました。この章では主に最新版のAro/Ace調査2022の結果を紹介します。なお、紹介する結果は抜粋したものとなりますので、より詳しく知りたい方は参考文献から資料をご参照ください（As Loopのサイトで資料を公開しています）。

　Aro/Ace調査はウェブ上のアンケートフォームを利用して行いました。

＊1　Aro/Ace調査2020実施時は「Aro/Ace調査実行委員会」でしたが、2021年に改名しました。

＊2　大阪大学大学院人間科学研究科教育学系研究倫理委員会による審査を受け実施しました（受付番号：22001）。

回答者が調査への協力に同意し、自主的に回答する形式で、「オープン型ウェブ調査」と呼ばれます。調査はSNSやAs Loopのサイト等を通じて周知しました。

　　対象は以下の①～③すべてに該当する方にしました。

> ①アロマンティック／アセクシュアル・スペクトラム（アロマンティック、アセクシュアル、ノンセクシュアル、デミセクシュアル、デミロマンティック、リスセクシュアル、リスロマンティック、その他周辺のセクシュアリティ）を自認している、またはそれに近い、そうかもしれないと思っている方
> ②日本語の読み書きをする方（国籍、居住地は問わない）
> ③年齢が回答時13歳以上の方

　　調査では主に恋愛的／性的なあり方、自認、カミングアウト、交流会への参加、パートナー等、Aro/Aceであることで経験したことなどについてたずねました。回収数は、Aro/Ace調査2020で1,693回答（有効回答：1,685回答）、Aro/Ace調査2022で2,331回答（有効回答：2,318回答）でした。

調査の目的とその背景

　　Aro/Ace調査は次の3点を目的にしました。

> ①Aro/Aceの可視化を促す
> ②Aro/Aceコミュニティに集まる人たちの多様性について議論するための情報を収集する
> ③Aro/Aceに関する情報を提供し、学術研究の発展やAro/Aceに関する運動の活性化に寄与する

以上の目的を設定したのには、次のような背景があります。

①について

　近年、Aro/Ace を取り上げるメディアが増えつつあるものの、依然として一般の認知度は高くないと考えられます。そこで、量的調査を通じて「数値」で結果を出すことが、Aro/Ace の認知度向上に貢献すると考えました。

②について

　Aro/Ace がメディアに取り上げられることで、Aro/Ace に対する固定的なイメージがつくられてしまうという懸念がありました。イメージが固定化されることで、そのイメージがすべての Aro/Ace 当事者にあてはまるという偏見につながったり、イメージに合致しない人が Aro/Ace コミュニティに関わりにくくなってしまったりする可能性もあります。そこで、Aro/Ace 当事者が多様であることを議論するために、質問をさまざまな視点から細分化した調査を実施しました。

③について

　Aro/Ace を対象にした調査が国内において不足しているという課題があります。近年では、アセクシュアルを性的指向の選択肢として設定している無作為抽出の調査もあり（釜野ほか 2019; 釜野ほか 2023; 埼玉県 2021）、結果を一般化する上では利点がありますが、アセクシュアルに該当する人が少なくなる欠点もあります。その結果、②の多様性に関する議論は難しくなります。そして、アセクシュアルが選択肢に含まれるようになってきた一方で、アセクシュアル以外の Aro/Ace のアイデンティティが含まれることは残念ながら少ないのが現状です。その点で、Aro/Ace 調査は質問項目を含む調査設計においても学術研究に貢献できることが多いと考えられます。

　以上から、Aro/Ace にあてはまる人々の回答をできるだけ多く収集する必要があると考え、オープン型ウェブ調査を実施しました。

結果をみる上での注意点

　すでに説明したように、Aro/Ace調査はオープン型ウェブ調査という方法の性質上、結果は社会全体の正確な縮図ではありません。そのため、Aro/Ace調査で得られた回答がどのような偏りがあるサンプルなのか、日本社会を正確に反映している国勢調査（総務省統計局 2021）の結果と比較し検討します。

　性別について、国勢調査では女性51.4％、男性48.6％という結果ですが、Aro/Ace調査2022はシスジェンダーではない人を除くと、（シスジェンダーの）女性94.6％、男性5.4％でした。Aro/Ace調査2022は女性の割合が高いことがわかります。年齢については、国勢調査では45歳以上が55.7％である一方、Aro/Ace調査2022では3.2％でした。Aro/Ace調査2022は、29歳までで全体の約70％を占めており（国勢調査は約25％）、年齢が低いことがわかります。性別と年齢についてはp.178〈Aro/Aceの傾向を考える〉でも触れていますのでご覧ください。

　最後に居住地は、国勢調査とAro/Ace調査の差が大きかったのは東京都と南関東で、国勢調査では11.1％と18.1％である一方、Aro/Ace調査2022では24.1％と23.5％でした。また、九州沖縄は国勢調査では11.3％でしたが、Aro/Ace調査2022では5.7％でした。このように、Aro/Ace調査2022は東京都と南関東からの回答の割合が高いことがわかります。

　以上のように、Aro/Ace調査2022は国勢調査と比べて、属性に偏りがあります。そのため、得られた結果がこの調査特有のものである可能性もあり、日本のAro/Ace一般にあてはまるものなのかについては今後さらなる検討が必要です。

（三宅大二郎）

Aro/Aceの傾向を考える

「Aro/Ace当事者にはどんな人が多いの？」と聞かれることがあります。
　結論から言えば、Aro/Aceについてはまだわかっていないことがほとんどです。

　ここでは、これまでの調査からAro/Ace当事者の傾向について「もしかしたらこうかもしれない」ということを以下の2点に絞って紹介したいと思います。
・年齢が若い人が多い
・（シスジェンダーの）女性が多い

　繰り返しますが、Aro/Aceについてはまだわかっていないことがほとんどであり、以下はあくまで調査上の数値です。今後、このような調査を積み重ねる中で少しずつ傾向が見えてくると予想されます。そして、傾向を調べることの意義は、その傾向ができる背景を考えることだと思います。背景を考えることで、Aro/Ace当事者がどのような状況に置かれているのか、社会がどのような環境なのか議論できます。この部分についてはこの節の後半で触れますので、ぜひあわせてご覧ください。

年齢が若い人が多い

　はじめに、年齢についてみていきます。Aro/Ace調査を除き、Aro/Ace全体のデータはまだ日本にほとんどありませんので、ここではアセクシュアルの年齢について大阪市民調査とAro/Ace調査2022（以下、Aro/Ace調査）を比較しました。大阪市民調査では、18-29歳の割合が他の年代と比べて、5～15ポイントほど高いことがわかります。一方、Aro/Ace調査では、18-29歳の割合が67.2％で、他の年代と比べて40ポイント以上高いです。この傾向はアセクシュアルを含むAro/Ace全体でも、アセクシュアルを除くAro/Aceの分布でもあまり変わりません。これはAro/Ace調査がインターネット調査ということが影響していると思われますが、大阪市民調査

でも Aro/Ace 調査ほどではないものの、年齢が低い傾向にあることがわかります。

【大阪市民調査（釜野ほか 2019; 平森・三宅 2024）[*1]】
性的指向の質問で「アセクシュアル・無性愛者」を選んだ回答者における年齢の分布（n=33）

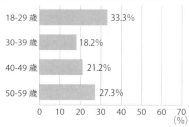

【Aro/Ace 調査 2022】
「アセクシュアル」の自認をしている回答における年齢の分布（n=1,431）　　アセクシュアルを含む Aro/Ace 全体の回答における年齢の分布（n=2,305）

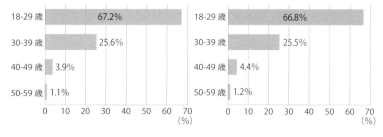

アセクシュアルを除く Aro/Ace の回答における年齢の分布（n=874）

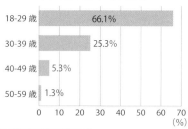

＊1　大阪市民を対象にした無作為抽出の調査で、正式名称は「大阪市民の働き方と暮らしの多様性と共生にかんするアンケート」です。地域が限定されているものの、Aro/Ace 調査のようなオープン型ウェブ調査に比べて、結果を人口全体に一般化する上で利点があります。

（シスジェンダーの）女性が多い

　次に、性別についても大阪市民調査と Aro/Ace 調査を比較します。年齢と同じように Aro/Ace 全体を比較できませんので、アセクシュアルの性別を比べてみます。なお、下記のように、大阪市民調査では性別を「出生時の戸籍・出生届の性別」としているのに対して、Aro/Ace 調査では性自認と出生時の性別から「シスジェンダー女性・シスジェンダー男性・非シスジェンダー」の 3 種類にコーディングしていますので、大阪市民調査とは性別の質問や集計の仕方が異なる点に留意してください。

　大阪市民調査では、女性が 81.8%、男性が 18.2% で女性の割合が高いことがわかります。一方、Aro/Ace 調査のアセクシュアルを自認している回答における性別の分布は、シスジェンダー女性が 62.6%、シスジェンダー男性が 2.2%、非シスジェンダーが 35.1% となっており、大阪市民調査と比べてシスジェンダー女性の割合が低いですが、シスジェンダー男性の割合も低く、非シスジェンダーが 3 割を超えています。大阪市民調査では、出生時の性別と現在の性別を同じだと捉えている人の割合は 98.6%、現在の性別の捉え方について「別の性別」と「違和感がある」のいずれかあるいは両方を選んだ人が 1.1% だったと報告されています（釜野ほか 2019: 46）。上記のように、Aro/Ace 調査 2022 は非シスジェンダーの割合が高いことがわかります。なお、この傾向はアセクシュアルを含む Aro/Ace 全体でも、アセクシュアルを除く Aro/Ace の分布でも大きくは変わらないようです。

　2 つの調査は異なる部分も多いですが、このように全体としては（シスジェンダーの）女性が多い傾向にあるということを示していると考えられます。

【大阪市民調査（釜野ほか 2019; 平森・三宅 2024）】
性的指向の質問で「アセクシュアル・無性愛者」を選んだ回答者における性別の分布（n=33）

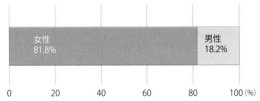

＊大阪市民調査における性別は「出生時の戸籍・出生届の性別」（釜野ほか 2019: 2）を指します。

【Aro/Ace 調査 2022】

　Aro/Ace 調査では、①出生時の性別と現在自分が捉えている性別が「一致」していると思うか（＝シスジェンダーか否か）をたずね、一致しているを選んだ場合のみ、②出生時の性別をたずねました。①と②の結果から以下のようにコーディングしました。

①シスジェンダーである	②出生時の性別	性別のカテゴリー
思う	女性	シスジェンダー女性
	男性	シスジェンダー男性
思わない		非シスジェンダー
わからない		

「アセクシュアル」の自認をしている回答における、性別の分布（n=1,429）

アセクシュアルを含む Aro/Ace 全体の回答における、性別の分布（n=2,301）

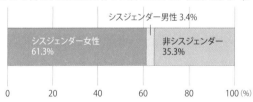

アセクシュアルを除く Aro/Ace の回答における、性別の分布（n=872）

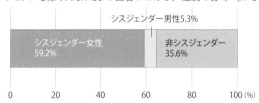

　以上のように、これまでおこなわれてきた調査では「年齢が若い人が多い」「（シスジェンダーの）女性が多い」という傾向がみられます。しかし、すでに述べたように、重要なことはこの傾向が「Aro/Ace当事者全体に一般化できるか」ということを確かめることだけでなく、この傾向ができる背景を検討することです。

　例えば、以下のようなことが考えられます。
・年齢が若い人が多い
　Aro/Aceの情報はインターネットの方が豊富なため、若年層の方がアクセスしやすい（結果として自認しやすい）という可能性があります。また、恋愛観や結婚観などの変化が世代による違いをつくっているかもしれませんし、LGBTを含む性的マイノリティに関する認知度が上がっていることも影響しているかもしれません。
・（シスジェンダーの）女性が多い
　さまざまな議論がありますが、女性の方が自認しやすい、自認する必要がある社会的な環境があるかもしれません。

　傾向を調べることは、Aro/Ace当事者の経験をより深く理解したり、必要な支援を考えたりする上で重要だと考えます。しかし、実際のAro/Ace当事者は一人ひとり多様ですので、個人として向き合うという姿勢も同時に必要だと思います。ここで紹介した傾向に関してより詳しく知りたい方は次の「傾向から考える背景」もぜひご覧ください。

（三宅大二郎）

傾向から考える背景

　Aro/Ace の中でも、とくにアセクシュアルの傾向については、研究が十分ではないものの、少しずつ議論されるようになってきました。

　年齢については、大阪市民調査で報告されているように、アセクシュアルを自認している人は若い傾向があるかもれません。しかし、心理学者のアンソニー・ボガードがイギリスでおこなわれた調査を分析したところ、性的に惹かれないことをアセクシュアルの定義にした場合、非アセクシュアルと比べて年齢が低いわけではなかったといいます（Bogaert 2004）。つまり、何をアセクシュアルとして定義して調査するかによっても結果が変わることが示唆されます。自認を基準にした場合に年齢が低くなる背景として、Aro/Ace の情報がインターネットを中心としているという情報媒体の偏りが考えられますが、Aro/Ace 調査 2022 は約 75％が Aro/Ace を知るきっかけはインターネットだったと報告しており、この説を支持しているといえます。

　性別・ジェンダーについては、アセクシュアルの定義に自認を使っている大阪市民調査でも、性的惹かれを使っているボガードの研究でも、アセクシュアルは女性の方が多いことを報告しています。つまり、性別については性的に惹かれない・自認のどちらの定義でも、アセクシュアルは（シスジェンダーの）女性の方が多い可能性があります。ボガードはアセクシュアルに女性が多いことの背景について、いくつか説をあげています（Bogaert 2004）。

・性役割：男性の方が女性よりも性的に活発であることを期待されやすい
・身体的な差：性器の違いにより、性的な興奮の認識しやすさが異なる
・自慰とセクシュアリティ：自慰などセクシュアリティの形成に重要な経験が女性の方が少ない
・性的惹かれ：性的惹かれでセクシュアリティを捉えること自体が女性の主観的な経験と合致していない

　しかし、アセクシュアルに女性が多い傾向については、さまざまな議論が今まさにおこなわれている段階ですので、詳しいことはわかりません。一方、p.181 で紹介したように、Aro/Ace 調査 2022 では非シスジェンダーの割合がアセクシュアルで 35.1％、Aro/Ace 全体で 35.3％だったことを考

えると、Aro/Ace当事者は非シスジェンダーの割合が高い可能性があります。この傾向は、海外の当事者グループによる調査でも報告されています（Weis et al. 2020）。Aro/Aceの中で非シスジェンダーの割合が高い背景として、Aro/Aceの認知度が低いために、性別に違和感があるなど、Aro/Ace以外の要素でジェンダーやセクシュアリティの情報にアクセスできる人の方がAro/Aceの情報を得る機会が多いため自認しやすいということが考えられます（三宅・平森 2021）。

　以上、当事者の傾向について述べてきましたが、繰り返すようにまだわかっていないことがほとんどです。そもそも当事者の傾向を調べるのには、単純に実態を把握する以上に、その差ができる理由を議論することに意味があります。それを調べるプロセスの中で、Aro/Aceがほかの社会的な属性とどのように関連しているのかという視点も含めて考察することで、これまで明らかにされてこなかった当事者の経験や社会の構造をより深く理解することができます。あくまで傾向でしかありませんが、されど傾向なのだと思います。

（三宅大二郎）

Aro/Ace 調査からみる経験

　お話し会では実にさまざまな経験談をうかがうことができました。ここでは、お話し会で語られたトピックの中から、関連している次の項目について Aro/Ace 調査 2022（以下、Aro/Ace 調査）の結果を紹介したいと思います。
・自認のきっかけ
・恋愛的／性的なことに対する嫌悪感
・カミングアウト
・パートナー
・将来の不安

　なお、お話し会で話題にあがった「困難」については、第 1 部（p.70〈Q. 当事者はどんなことに困っていますか?〉）で取り上げていますので、そちらをご覧ください。
　そして、繰り返しになりますが、ここで紹介するデータはあくまで Aro/Ace 調査の結果となりますので、Aro/Ace 当事者の経験を理解する一つの参考としてご覧いただければ幸いです。

自認のきっかけ

　はじめに、Aro/Ace 調査の次の項目について紹介します。
・自分の恋愛または性愛のあり方が周りと違うと感じた年齢
・はじめて Aro/Ace を知った年齢
・Aro/Ace を自認した年齢
・はじめて Aro/Ace を知った方法

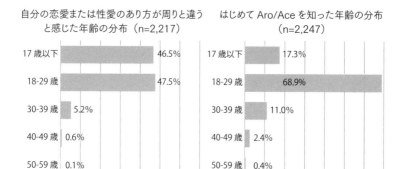

自分の恋愛または性愛のあり方が周りと違うと感じた年齢の分布（n=2,217）

- 17 歳以下　46.5%
- 18-29 歳　47.5%
- 30-39 歳　5.2%
- 40-49 歳　0.6%
- 50-59 歳　0.1%

はじめて Aro/Ace を知った年齢の分布（n=2,247）

- 17 歳以下　17.3%
- 18-29 歳　68.9%
- 30-39 歳　11.0%
- 40-49 歳　2.4%
- 50-59 歳　0.4%

Aro/Ace を自認した年齢の分布（n=2,224）

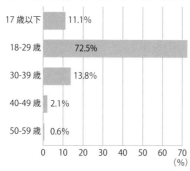

- 17 歳以下　11.1%
- 18-29 歳　72.5%
- 30-39 歳　13.8%
- 40-49 歳　2.1%
- 50-59 歳　0.6%

	自分の恋愛または性愛のあり方が周りと違うと感じた年齢	はじめて Aro/Ace を知った年齢	Aro/Ace を自認した年齢
平均	17.9 歳	22.7 歳	23.2 歳
中央値	18 歳	21 歳	22 歳

　以上のように、「自分の恋愛または性愛のあり方が周りと違うと感じた年齢」「はじめて Aro/Ace を知った年齢」「Aro/Ace を自認した年齢」はいずれも 10 代から 20 代が多いことがわかります。これは Aro/Ace 調査のデータ自体が若い（p.174〈Aro/Ace 調査とは〉）ことも関係していると思われます。一方で、「はじめて Aro/Ace を知った年齢」や「Aro/Ace を自認した年齢」に比べて、「自分の恋愛または性愛のあり方が周りと違うと感じた年

齢」の方を早く経験する傾向があるようです。Aro/Aceについて知る、または自認するより前に、周囲との違いを感じる人が多いのかもしれません。

次に「はじめてAro/Aceを知った方法」について見てみましょう。

はじめて Aro/Ace を知った方法の分布 （n=2,316）

インターネットの記事	807	34.8%
Twitter	735	31.7%
覚えていない	197	8.5%
ブログ	60	2.6%
知人から直接聞いた	72	3.1%
書籍	53	2.3%
テレビドラマ	46	2.0%
学校の授業	45	1.9%
マンガ・アニメ	44	1.9%
YouTube	42	1.8%
ウィキペディア	37	1.6%
その他	178	7.7%

上記から、「インターネットの記事」「Twitter（現・X）」「ブログ」「Youtube」「ウィキペディア」を合わせると7割以上を占めることがわかります。このように、インターネットでAro/Aceをはじめて知ることが多いようです。もっとも、今後は本書含めてインターネット以外の方法で知る機会が増えると予想されますので、数値が変わっていく可能性もあります。

恋愛的／性的なことに対する嫌悪感

次に、恋愛的／性的なことに対する嫌悪感について紹介します。
・恋愛要素のあることに対する嫌悪感
・性的要素のあることに対する嫌悪感
・特定の行為を受ける嫌悪感
・特定の行為に対する嫌悪感

Aro/Aceであることと嫌悪感を持つことは別のことであるため、「Aro/Ace当事者は恋愛的／性的なことに嫌悪感を持つものだ」という見方は避けた方がいいです。ただ、お話し会でも語られていたように、Aro/Ace当事者の経験の一つとしてよく聞かれるテーマでもあります。

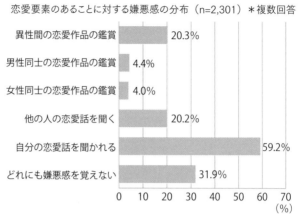

恋愛要素のあることに対する嫌悪感の分布（n=2,301）＊複数回答

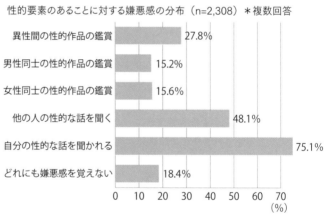

性的要素のあることに対する嫌悪感の分布（n=2,308）＊複数回答

　恋愛要素のあることに対する嫌悪感については、「自分の恋愛話を聞かれる」ことに対して嫌悪感を持つ割合が高い（59.2%）ことがわかります。「他の人の恋愛話を聞く」は「自分の恋愛話を聞かれる」に比べて40ポイントほど低い値になっています。また、恋愛作品については一番割合が高い「異性間の恋愛作品の鑑賞」でも2割程度という結果が出ています。また、「どれにも嫌悪感を覚えない」という回答も3割程度ありました。

　一方、性的要素のあることに対する嫌悪感については、「自分の性的な話を聞かれる」ことに対して75.1％が嫌悪感を持つという結果で、「自分の

恋愛話を聞かれる」に比べて 16 ポイントほど高いことがわかります。このような恋愛要素と比べて性的要素に嫌悪感を持つ割合の方が高い傾向は他の項目でもみられます。例えば、「他の人の性的な話を聞く」は「他の人の恋愛話を聞く」と比べて 28 ポイントほど値が大きくなっています。このような傾向に関連して、性的要素のあることに対して「どれにも嫌悪感を覚えない」割合は 18.4% で、恋愛要素に対する質問と比べると値が小さくなっています。

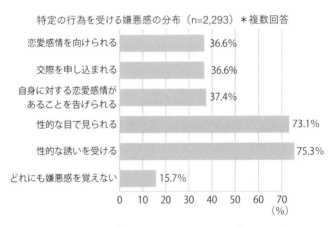

特定の行為を受ける嫌悪感の分布（n=2,293）＊複数回答

＊質問には「誰からであっても（自分が相手に惹かれていても）」という注をつけてたずねました（次も同様）。

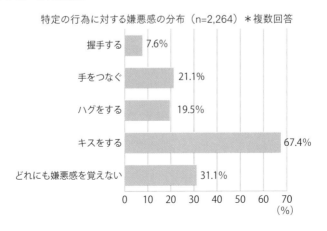

特定の行為に対する嫌悪感の分布（n=2,264）＊複数回答

　次に、特定の行為を受ける嫌悪感については、「恋愛感情を向けられる」「交際を申し込まれる」「自身に対する恋愛感情があることを告げられる」のいずれも30％台後半という結果でした。一方、「性的な目で見られる」や「性的な誘いを受ける」は70％以上という結果でしたので、ここでも性的なことの方が嫌悪感を持つ割合が高くなる傾向があるかもしれません。

　そして、身体接触を伴う行為に対する嫌悪感については、「握手する」で10％未満、「手をつなぐ」や「ハグをする」で20％前後という結果だった一方で、「キスをする」では67.4％が嫌悪感を持つことがわかりました。接触の仕方によって嫌悪感を持つか否かの割合が変わる傾向があるようです。ただ、「どれにも嫌悪感を覚えない」という回答も一定数（31.1％）ありました。

　このように、どの質問に対しても「どれにも嫌悪感を覚えない」という回答があるため、Aro/Aceであることと嫌悪感を持つことは別のことだといえます。その一方でAro/Ace当事者で恋愛的／性的なことに嫌悪感を持つ人がいることもまた事実といえるかもしれません。これにはさまざまな推測が成り立ち、Aro/Aceの認知度が低いため、嫌悪感を含むネガティブな経験をしたり悩んだりしたことがある人の方が自認しやすいという可能性もあります。また、恋愛要素に比べて性的要素のあることに嫌悪感を持つ割合が高いという傾向は、今後の学術研究においても議論の対象となるかもしれません。ただ、どのような背景や傾向があるにせよ、Aro/Ace当事者の経験を理解する上で、嫌悪感という視点は今後も重要なテーマになると考えられます。「Aro/Ace当事者＝恋愛的／性的なことに嫌悪感を持つ」という単純化を避けながら、嫌悪感を持つことが一人ひとりの経験にどのような意味があるのか考えていく必要があります。

カミングアウト

カミングアウトをした相手の分布（n=2,311）＊複数回答

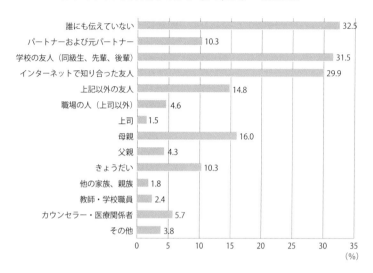

誰にも伝えていない　32.5
パートナーおよび元パートナー　10.3
学校の友人（同級生、先輩、後輩）　31.5
インターネットで知り合った友人　29.9
上記以外の友人　14.8
職場の人（上司以外）　4.6
上司　1.5
母親　16.0
父親　4.3
きょうだい　10.3
他の家族、親族　1.8
教師・学校職員　2.4
カウンセラー・医療関係者　5.7
その他　3.8

0　5　10　15　20　25　30　35
（%）

＊ Aro/Ace 調査におけるカミングアウトは「自分のセクシュアリティを他の人に自ら打ち明けること」を指し、単に恋愛や性的な事柄への無関心などを伝えることではなく、自分のあり方や自認について詳しく説明した経験と定義しています。

　上記はカミングアウトをした相手を複数回答で聞いたものです。もっとも多かった回答は「誰にも伝えていない」（32.5％）ですが、逆をいえば7割弱が誰かにカミングアウトをした経験があるという結果でもあります。カミングアウトをした相手としては、「学校の友人（同級生、先輩、後輩）」（31.5％）や「インターネットで知り合った友人」（29.9％）が多いことがわかります。友人以外では、「母親」（16.0％）や「きょうだい」（10.3％）、「パートナーおよび元パートナー」（10.3％）が比較的多いようです。反対に「他の家族、親族」（1.8％）、「教師・学校職員」（2.4％）や「上司」（1.5％）は少ない結果でした。友人やインターネットで知り合った人には伝えることが多い一方、教員や職場の人にはあまり伝えない傾向があるのかもしれません。また、家族は相手（父親・母親・きょうだいなど）によって結果が異なることがわかります。

パートナー

　次に、Aro/Ace調査の中からパートナーに関係する以下の項目について
紹介します。

・恋愛的かつ性的な関係のパートナー等を望むか
・恋愛的関係のみの（性的な関係はない）パートナー等を望むか
・恋愛的でも性的でもない関係のパートナー等を望むか

　Aro/Ace調査では、パートナーを恋愛的な要素と性的な要素が両方ある
関係、どちらもない関係、片方だけある関係があると考え、それぞれについ
て望むか否かうかがいました。また、パートナーも「一対一」の関係を
望む人もいれば、「一対複数」の関係を望む人、さらに相互に親密な「グ
ループ」を望む人もいると考え、それぞれを選択肢に入れました。言葉だ
けではわかりにくい部分もありますので、調査では以下の図も一緒に提示
しました。

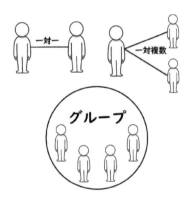

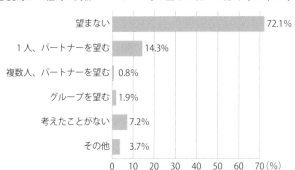

恋愛的かつ性的な関係のパートナー等を望むか否かの分布 (n=2,307)

はじめに、「恋愛的かつ性的な関係のパートナー等」を望むか否かという質問に対しては、7割以上が「望まない」という結果でした。次に多かったのが「1人、パートナーを望む」で14.3％でしたが、それ以外に10％を超える項目はありませんでした。全体的にいえば、「恋愛的かつ性的な関係のパートナー等」を望む割合は低い傾向にあるといえそうです。

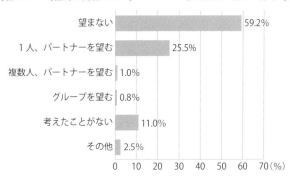

恋愛的関係のみの（性的な関係はない）パートナー等を望むか否かの分布 (n=2,306)

次に、「恋愛的関係のみの（性的な関係はない）パートナー等」を望むか否かという質問に対しては、「望まない」という回答が59.2％でした。「1人、パートナーを望む」が25.5％、「考えたことがない」が11.0％で、これら3つの項目で9割以上を占める結果でした。先ほどの「恋愛的かつ性的な関係パートナー等」を望むかという質問に比べて、「望まない」の割合

が10ポイントほど低く、その一方で「1人、パートナーを望む」の割合が10ポイントほど高いことがわかります。

＊ Aro/Ace調査では「性的関係のみの（恋愛的な関係はない）パートナー等」を望むか否かという質問もしています。ご関心がある方は参考文献の『アロマンティック／アセクシュアル・スペクトラム調査2022調査結果報告書』（2023）をご覧ください。

恋愛的でも性的でもない関係のパートナー等を望むか否かの分布 (n=2,310)

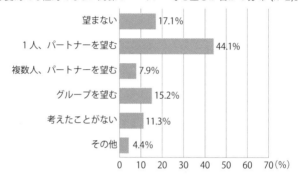

一方、「恋愛的でも性的でもない関係のパートナー等」を望むか否かをきくと、「1人、パートナーを望む」の割合が最も高く、44.1％でした。次に多い回答は「望まない」（17.1％）ですが、「グループを望む」（15.2％）や「考えたことがない」（11.3％）と比較的近い値でした。肯定的な回答の中では、「1人、パートナーを望む」の割合が高くなる傾向は他の2つの質問と同じですが、「グループを望む」や「複数人、パートナーを望む」回答も一定数あったことが特徴的だと思われます。

以上のように、Aro/Ace当事者がパートナー（等）を望むか否かは、そのパートナーが恋愛的／性的であるかによって異なる可能性があることがわかります。また、パートナーといっても、必ずしも一対一とは限らないかもしれません。Aro/Ace当事者一人ひとりのパートナー観を知るにはアンケート調査では限界がありますが、実際にはさらに多様だと考えられます。

将来の不安

Aro/Ace として生きる中で不安なことの分布 (n=2,289) ＊複数回答

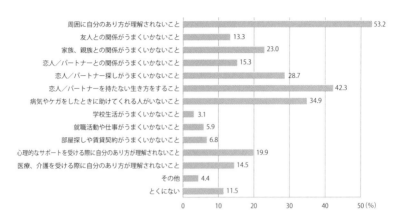

最後に、Aro/Ace として生きる中で不安なことについて紹介します。複数回答で聞いたところ、以上のような結果になりました。最も多かった回答は「周囲に自分のあり方が理解されないこと」（53.2%）でした。次に多かったのは「恋人／パートナーを持たない生き方をすること」（42.3%）や「病気やケガをしたときに助けてくれる人がいないこと」（34.9%）でした。「恋人／パートナー探しがうまくいかないこと」（28.7%）や「家族、親族との関係がうまくいかないこと」（23.0%）、「心理的なサポートを受ける際に自分のあり方が理解されないこと」（19.9%）なども比較的多かった回答です。「とくにない」（11.5%）という回答ももちろんありますが、人間関係に関連する不安や、困った時に助けを求められない、またはサポートを受けられるか不安があるということがわかります。

Aro/Ace 調査では、以上に加えて、Aro/Ace として生きる中で不安なことの具体例を自由記述の形で答えてもらっています。一部だけ紹介しますのでぜひご覧ください。

- 老後ひとりぼっちになるのではないかという不安。
- 給与も低いため、今後 1 人で生活していくための資金をどう形成するか。
- 一人暮らしをしていて大きな病気になった時にすぐに助けてくれる人がいない。
- 親が先立ったあと、自分に何かあったときに配偶者がいる友人を頼ることが憚られるため、一人で乗り越えなければならないと思うと自信がなくなる。
- 親から結婚や子供をつくることを期待されていること、それに応えられないこと。
- 親は Aro/Ace を知らないと思うし、同性愛についても偏見がある人なので、もし自分のことを知られたら傷つくことを言われるのではないかと心配。
- パートナーは欲しいが、自分の望む距離感の関係を築ける相手とめぐりあえる気がしない。
- 社会的に異性婚を前提として社会的生活やルールが作られているので、それから外れる価値観の人は少数者として扱われることに違和感を感じ、生きづらさを感じる。どのように生きていけるのか不安に感じることもあり、話し合える機会が身近にあればいいと思う。
- 今住んでいる地域では当事者のコミュニティが見つけづらく、他の人と話してみたくても出会いの場がないこと。
- カウンセリングなど、結局のところ当事者でない場合は悩みを真剣に受け止めてもらえないのではないかと思い行ったことがない。
- 入院や手術の際の緊急連絡先がない。
- 職場でバレたら差別されるかもしれない。同僚が知人にバイセクシャルがいることを話していて、平気で差別的な噂話をしていて怖くなった。
- A セクで「素敵な人生！」というモデルケースが無さすぎる。

「Aro/Ace調査からみる経験」を通して

　ここまでAro/Ace調査の結果から、Aro/Ace当事者の経験（の一部）を紹介してきました。すでに本書で繰り返し述べているように、ここで紹介した事例はあくまで経験を理解するための参考情報であり、Aro/Ace当事者全体にあてはまるわけではありません。この結果から「Aro/Ace当事者は〇〇だ」という見立てをするというよりも、「社会の側にこういう課題があるのではないか」ということを検討しながら、「Aro/Ace当事者のニーズとして何がありそうか」「みんなが生きやすい社会にするためにできることは何か」を議論する材料にしていくことが必要です。そのプロセスの一つとして、本書では最後の章を調査結果の紹介に充てました。

　調査はあくまで一つのアプローチでしかありませんが、Aro/Ace当事者の経験と現在の社会の課題を可視化させるためのツールとして、これからもAro/Ace調査を役立てていきたいと思います。第1部のQ&Aや前章のお話し会とあわせて、本章が読者の皆さんのお役に立てていたら幸いです。

（三宅大二郎）

Aro/Aceのリソース

　「Aro/Aceのことをもっと知りたい」「Aro/Ace当事者が集まる場所に行きたい」という方はぜひこちらをご覧ください。Aro/Aceに関連するリソースを紹介します。すべてを網羅できるわけではありませんが、Aro/Aceについてより深く知るための次の一歩になれば幸いです。

＊2024年3月時点の情報です。

書籍
●ジュリー・ソンドラ・デッカー著，上田勢子訳（2019年）
『見えない性的指向 アセクシュアルのすべて──誰にも性的魅力を感じない私たちについて』明石書店

アセクシュアル当事者で作家の著者が、アセクシュアルの基礎知識やよくある誤解への回答などをわかりやすく書いています。もとはアメリカで出版された本で、日本の読者にはなじみのない記述もあるかもしれませんが、本書を読んでから読むと理解しやすいのではないかと思います。

●アンジェラ・チェン著，羽生有希訳（2023年）
『ACE アセクシュアルから見たセックスと社会のこと』左右社

アセクシュアル当事者でライターの著者が、100人の当事者へのインタビューと自身の経験をまとめたエッセイです。Aceの視点で社会を考え直すというテーマで書かれており、Aceとジェンダー、フェミニズム、人種、障害の関係性などより広いテーマについても取り扱っています。本書の発展的な内容になっていますので、より深く学びたいという方におすすめの一冊です。

●アレックス・ジーノ著，島村浩子訳（2023年）
『リックとあいまいな境界線』偕成社

恋愛などに興味がわかないある中学生を主人公にした小説です。主人公の葛藤や周囲の人との関係性が丁寧に描かれており、アロマンティックやア

セクシュアルなどの言葉をはじめて知る主人公の気持ちが伝わってきます。小学校高学年以上を対象にした児童書となっていますので、とても読みやすい一冊だと思います。

映像作品

● 『17.3 about a sex』（2020年）ABEMA

女子高生3人組の物語で、主演3人のうち1人がアセクシュアルとして描かれています。

● 『恋せぬふたり』（2022年）NHK

アロマンティック・アセクシュアルの2人が始めた同居生活と周囲の人間関係が描かれた作品です。本書の著者（三宅、今徳、中村）が考証として制作に参加しました。

● 『今夜すきやきだよ』（2023年）テレビ東京

結婚観が大きく異なる女性2人の暮らしを描いた作品です。漫画原作で、原作では明言されていないものの、ドラマ版では2人のうち1人がアロマンティックであることが言及されています。本書の著者（今徳）が監修として制作に参加しました。

● 『作りたい女と食べたい女』

（シーズン1：2022年、シーズン2：2024年）NHK

2人の女性が料理をきっかけにつながり、交流する日常を描いた漫画原作の作品です。作品内に「レズビアンでアセクシュアル」のキャラクター（矢子可菜芽）が登場します。

＊本書では登場人物がAro/Aceであることを明言している作品を紹介しています。

交流会など

●特定非営利活動法人にじいろ学校

https://www.nijikou.com/

月に2～3回ほど都内を中心に全国各地での「Aro/Ace交流会」や「Aro/Aceのライフプランを考える会」などを開催しています。

またSNSで自己紹介に利用できる「Aro_AceFile」などのテンプレートも作成・公開しています。本書の著者である今徳が代表を務めています。

●なかぷろ

https://x.com/na_ka_pro

セクシュアリティ別の交流会を開催していて、Aro/Ace向けの交流会も多く開催しています。本書の著者である中村が主宰しています。

＊上記以外にも交流会はさまざまな規模や形態で都市部を中心に各地で開催されています。

啓発週間

● AceWeek

https://x.com/aceweek　＊英語のサイトです

2010年にセラ・ベス・ブルークス（Sara Beth Brooks）によって開始された、アセクシュアルの認知度向上のための活動です。以前はAsexual Awareness Weekという名前でした。世界各地で毎年10月末に開催され、交流イベントや講座の開催、YouTube・ブログ・SNSなどでの情報発信、アートやアクセサリーなどでの表現といった活動をしています。

日本でのAceWeekについてはAceWeek in JAPANのサイトが参考になると思います。

https://x.com/AceWeekinJAPAN/

● AroWeek

（Aromantic Spectrum Awareness Week; ASAW）

https://www.arospecweek.org/　＊英語のサイトです

毎年2月14日バレンタインデーの翌週に開催される、啓発週間です。2014

年から開始されました。バレンタインデーなどの恋愛的イベントで、居場所がないように感じる Aro 当事者が自分たちを祝う方法として始まったといわれています。

情報発信

● As Loop（アズループ）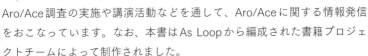

https://lit.link/asloop

Aro/Ace 調査の実施や講演活動などを通して、Aro/Ace に関する情報発信をおこなっています。なお、本書は As Loop から編成された書籍プロジェクトチームによって制作されました。

● AVEN（the Asexual Visibility and Education Network）

https://www.asexuality.org/　＊英語のサイトです

世界最大のアセクシュアルのオンライン・コミュニティといわれています。アセクシュアルに関する情報発信の他、当事者が交流する掲示板を運営しています。

● なかけん（YouTube）

https://www.youtube.com/channel/UC-MPh8XVVK_HqJsN_xeHs8w

本書の著者である中村の YouTube チャンネルで、セクシュアリティやジェンダーに関する動画を投稿しています。

参考文献

●日本語

American Psychiatric Association, 2000, *Diagnostic and Statistical Manual of Mental Disorders*, 4th ed., Washington DC: American Psychiatric Publishing.（髙橋三郎・大野裕・染矢俊幸訳, 2002,『DSM-IV-TR　精神疾患の診断・統計マニュアル』医学書院。）

American Psychiatric Association, 2013, *Diagnostic and Statistical Manual of Mental Disorders*, 5th ed., Washington DC: American Psychiatric Publishing.（髙橋三郎・大野裕監訳, 染矢俊幸・神庭重信・尾崎紀夫・三村將・村井俊哉訳, 2014,『DSM-5　精神疾患の診断・統計マニュアル』医学書院.）

釜野さおり・石田仁・岩本健良・小山泰代・千年よしみ・平森大規・藤井ひろみ・布施香奈・山内昌和・吉仲崇, 2019,『大阪市民の働き方と暮らしの多様性と共生にかんするアンケート報告書（単純集計結果）』JSPS科研費16H3709「性的指向と性自認の人口学──日本における研究基盤の構築」（研究代表者　釜野さおり）,（2023年12月1日取得, https://www.ipss.go.jp/projects/j/SOGI/%EF%BC%8A20191108%E5%A4%A7%E9%98%AA%E5%B8%82%E6%B0%91%E8%AA%BF%E6%9F%BB%E5%A0%B1%E5%91%8A%E6%9B%B8%EF%BC%88%E4%BF%AE%E6%AD%A3%EF%BC%92%EF%BC%89.pdf）.

釜野さおり・岩本健良・小山泰代・申知燕・武内今日子・千年よしみ・平森大規・藤井ひろみ・布施香奈・山内昌和, 2023,『家族と性と多様性にかんする全国アンケート結果概要』JSPS科研費21H04407「性的指向と性自認の人口学の構築──全国無作為抽出調査の実施」（研究代表者　釜野さおり）,（2023年12月1日取得, https://www.ipss.go.jp/projects/j/SOGI2/ZenkokuSOGISummary20231027.pdf）.

埼玉県, 2021,『埼玉県 多様性を尊重する共生社会づくりに関する調査 報告書』,（2023年12月1日取得, https://www.pref.saitama.lg.jp/documents/183194/lgbtqchousahoukokusho.pdf）.

Sedgwick, E. K., 1985, *Between Men: English Literature and Male Homosocial Desire*, New York: Columbia University Press.（イヴ・K・セジウィック著, 上原早苗・亀澤美由紀訳, 2001,『男同士の絆──イギリス文学とホモソーシャルな欲望』名古屋大学出版会.）

総務省統計局, 2021,『令和2年国勢調査結果』,（2023年12月1日取得・加工, https://www.stat.go.jp/data/kokusei/2020/kekka.html）.

谷本奈穂, 2008,『恋愛の社会学──「遊び」とロマンティック・ラブの変容』青弓社.

Chen, A., 2020, *Ace: What Asexuality Reveals About Desire, Society, and the Meaning of Sex*, Beacon Press.（アンジェラ・チェン著, 羽生有希訳, 2023,『ACE アセクシュアルから見たセックスと社会のこと』左右社.）

Decker, J. S., 2014, *The Invisible Orientation: An Introduction to Asexuality*, New York: Skyhorse Publishing.（ジュリー・ソンドラ・デッカー著, 上田勢子訳, 2019,『見えない性的指向 アセクシュアルのすべて──誰にも性的魅力を感じない私たちについて』

明石書店.）

長島史織，2022，「性の医療化と性規範に抵抗して——性的無関心をめぐるアセクシュアル当事者団体の議論に関する考察」『国際ジェンダー学会誌』，20，65-82.

中村香住，2021，「クワロマンティック宣言——「恋愛的魅力」は意味をなさない！」『現代思想』，49 (10)，60-9.

西井開，2021，『「非モテ」からはじめる男性学』集英社.

Butler, J., 1990, *Gender Trouble: Feminism and the Subversion of Identity*, New York: Routledge.（ジュディス・バトラー著，竹村和子訳，1999，『ジェンダー・トラブル——フェミニズムとアイデンティティの攪乱』青土社.）

平森大規・三宅大二郎，2024，『大阪市民の働き方と暮らしの多様性と共生にかんするアンケート追加集計表』JSPS科研費16H03709「性的指向と性自認の人口学——日本における研究基盤の構築」（代表 釜野さおり）編 国立社会保障・人口問題研究所 内，（2023年12月22日取得，https://www.ipss.go.jp/projects/j/SOGI2/Hiramori&Miyake.pdf）.

深澤真紀，2007，『平成男子図鑑 リスペクト男子としらふ男子』日経BP社.

Brake, E., 2012, *Minimizing Marriage: Marriage, Morality, And The Law*, Oxford University Press.（エリザベス・ブレイク著，久保田裕之監訳，羽生有希・藤間公太・本多真隆・佐藤美和・松田和樹・阪井裕一郎訳，2019，『最小の結婚——結婚をめぐる法と道徳』白澤社.）

三宅大二郎，2017，「asexualのドラマトゥルギー——AVENにおける定義の変遷に着目して」藤川信夫編『人生の調律師たち：動的ドラマトゥルギーの展開』春風社，370-408.

三宅大二郎・今徳はる香・中村健編，2021，『アロマンティック／アセクシュアル・スペクトラム調査2020調査結果報告書』，Aro/Ace調査実行委員会，（2023年12月1日取得，https://asloop.jimdofree.com/aro-ace調査/調査結果/2020/）.

三宅大二郎・今徳はる香・中村健・田中裕也，2022，『アロマンティック／アセクシュアル・スペクトラム調査2022概要報告資料』，As Loop，（2023年12月1日取得，https://asloop.jimdofree.com/app/download/13151178799/Aro_Ace%E8%AA%BF%E6%9F%BB2022%E6%A6%82%E8%A6%81%E5%A0%B1%E5%91%8A%E8%B3%87%E6%96%99221210.pdf?t=1670338350）.

—— 2023，『アロマンティック／アセクシュアル・スペクトラム調査2022調査結果報告書』，As Loop，（2024年1月15日取得，https://asloop.jimdofree.com/aro-ace調査/調査結果/2022/）.

三宅大二郎・平森大規，2021，「日本におけるアロマンティック／アセクシュアル・スペクトラムの人口学的多様性——「Aro/Ace調査2020」の分析結果から」『人口問題研究』，77(2)，206-23.

三宅大二郎・平森大規，2023，「日本のアロマンティック／アセクシュアル・スペクトラムにおける恋愛的指向の多面性」『ジェンダー＆セクシュアリティ』，18，1-25.

雪，2003，「昔のアセクシャルの解説（2003年頃）」，asexual.jp，（2023年12月1日取得，https://www.asexual.jp/old_asexuality/）.

—— 2022，「アセクシャルの歴史」，asexual.jp，（2023年12月1日取得，https://www.asexual.jp/history_japan/）.

●英語

The AUREA Team, 2019, "Aromantic History," AUREA, October 13, 2019, (Retrieved December 1, 2023, https://www.aromanticism.org/en/news-feed/aromantic-history).

—— 2021, "Basic Aromantic Terms," AUREA, (Retrieved December 1, 2023, https://www.aromanticism.org/en/basic-terms).

AVEN, 2023, "Overview," AVEN, (Retrieved December 1, 2023, https://www.asexuality.org/).

AVENwiki, 2017, "Sexual attraction," AVENwiki, (Retrieved December 1, 2023, http://wiki.asexuality.org/Sexual_attraction).

—— 2020, "Lexicon," AVENwiki, (Retrieved December 1, 2023, http://wiki.asexuality.org/Lexicon).

Bogaert, A. F., 2004, "Asexuality: Prevalence and Associated Factors in a National Probability Sample," *The Journal of Sex Research*, 41(3), 279-287.

Chasin, C. D., 2011, "Theoretical Issues in the Study of Asexuality," Archives of Sexual Behavior, 40(4), Springer Science+Business Media, 713-723.

—— 2013, "Reconsidering asexuality its radical potential," *Feminist Studies*, 39, Routledge, 405-426.

—— 2014, "Making Sense in and of the Asexual Community: Navigating Relationships and Identities in a Context of Resistance," J*ournal of Community & Applied Social Psychology*, 25(2), 167-180.

Chu, E., 2014, "Radical Identity Politics: Asexuality and Contemporary Articulations of Identity." Cerankowski, K. J. and Milks, M. eds., *Asexualities: Feminist and Queer Perspectives*, New York: Routledge, 79-99.

Diamond, L. M. 2003, "What does sexual orientation orient? A biobehavioral model distinguishing romantic love and sexual desire," *Psychological Review*, 110(1), 173-192.

Gazzola, S. B. and Morrison, M. A., 2011, "Asexuality: An Emergent Sexual Orientation," Morrison, T. G., Morrison, M. A., Carrigan, M. A. and McDermott, D.T. eds., *Sexual Minority Research in the New Millennium*, New York, Nova Science Publisher, 21-44.

Gupta, K., 2017, "And Now I'm Just Different, but There's Nothing Actually Wrong With Me: Asexual Marginalization and Resistance," *Journal of Homosexuality*, 64(8), 991-1013.

—— 2019, "Gendering asexuality and asexualizing gender: A qualitative study exploring the intersections between gender and asexuality," *Sexualities*, 22(7-8), 1197-1216.

Hinderliter, A. 2013, "How is Asexuality Different from Hypoactive Sexual Desire Disorder?," *Psychology & Sexuality*, 4(2), 167-178.

Hiramori, D. and Kamano, S., 2020, "Asking about Sexual Orientation and Gender Identity in Social Surveys in Japan: Findings from the Osaka City Residents' Survey and Related Preparatory Studies," *Journal of Population Problems*, 76(4), 443-466.

Katz, J. N., 2022, "Carl Schlegel: Early U.S. Gay Activist, 1906-1907," OutHistory, June

1, 2019, (Retrieved December 1, 2023, https://outhistory.org/exhibits/show/schlegel/contents).

Kinsey A.C., Pomeroy W.B. and Martin C.E., 1948, *Sexual behavior in the human male*, Philadelphia: WB Saunders Co.

―――1953, *Sexual behavior in the human female*, Philadelphia: WB Saunders Co.

Murray, F., 2020, "The Ace Flag: A History," Ace Week, (Retrieved December 1, 2023, https://aceweek.org/stories/ace-flag-history).

Prause, N. and Graham, C. A., 2007, "Asexuality: Classification and Characterization," *Archives of Sexual Behavior*, 36, Springer Science+Business Media, 341-356.

Przybylo, E., 2016, "Introducing Asexuality, Unthinking Sex," Nancy Fischer and Steven Seidman eds., *Introducing the New Sexuality Studies*, 3rd Edition, London: Routledge, 185-191.

Rich, A., 1980, "Compulsory Heterosexuality and Lesbian Existence," *Signs*, 5(4), 631-660.

Scherrer, K. S., 2008, "Coming to an Asexual Identity: Negotiating Identity, Negotiating Desire," *Sexualities*, 11(5), 621-641.

Sternberg, R. J., 1986, "A triangular theory of love," Psychological Review, 93, 119-135.

Walster, E., Walster, G. W. and Traupmann, J., 1978, "Equity and premarital sex," *Journal of Personality and Social Psychology*, 36, 82-92.

Warner, M., 1991, "Introduction: Fear of a Queer Planet," *Social Text*, 29, 3-17.

Weis, R., Tomaskovic-Moore, S., Bauer, C., Miller, T. L., Adroit, M., Baba, A., van der Biezen, T., Burns,R., Cotter, N., Dodson, K., G, L., Ginoza, M., Guo, Y., Hermann, L., Lee, W., McCann, S., Mellema, R., Meinhold, M., Nicholson, S., Penten, P., Trieu, T. H., Walfrand, A., Youngblom, K. and Ziebert, J., 2020, "The 2017 and 2018 Asexual Community Survey Summary Report," (Retrieved December 1, 2023, https://asexualcensus.wordpress.com/2020/10/29/2017-2018-ace-community-survey-report).

WHO, 2023, "HA00 Hypoactive sexual desire dysfunction," ICD-11 for Mortality and Morbidity Statistics, (Retrieved December 1, 2023, https://icd.who.int/browse11/l-m/en#/http://id.who.int/icd/entity/1189253773).

おわりに

　ここまでご覧いただきまして、誠にありがとうございました。

　この本は、「アロマンティックやアセクシュアルについてどなたにでもやさしくお伝えすること」を目標につくってきましたが、いかがだったでしょうか。

　Aro/Aceについては、用語の数が多かったり、定義が複数あったりして、説明が難しくなりがちです。それらをできるだけわかりやすく説明するために、Aro/Aceを研究しているメンバーだけでなく、交流会を開催し、これまで多くのAro/Ace当事者と接してきたメンバーを含め、チームで制作してきました。

　また、この本の制作には私たち以外の人の力も大いにお借りしました。まずお話し会に参加してくれたあくたべさん、おかじまさん、かなさん、しんどうさん、つくしさん、ともさんからは貴重なお話をたくさんうかがいました。自身の経験や思いを丁寧に言葉にしていただき、誠にありがとうございました。皆さんのおかげで、Aro/Aceのアイデンティティや経験についてより実感が持ちやすい形で読者にお伝えすることができたと思います。深くお礼申し上げます。
　次に、イラストを担当してくれた、かな,さんにも深く感謝申し上げます。かな,さんのやわらかい印象のイラストがこの本の雰囲気を作り上げてくれました。
　そして、『ACE アセクシュアルから見たセックスと社会のこと』

（アンジェラ・チェン著，2023，左右社）を翻訳された羽生有希さん、アセクシュアル研究を（も）されている長島史織さんと松浦優さんにも、原稿について有益なご意見をたくさんいただきました。ここにお礼申し上げます。また、As Loopのメンバーである岩崎徳子さん、平森大規さんには全編を通して助言をいただきました。ありがとうございました。

　最後に、この本の編集を担当してくださった明石書店の辛島悠さんにも大変お世話になりました。辛島さんがいなければ、企画そのものが実現していなかったと思います。この本を世に出せるのは辛島さんのおかげです。ありがとうございました。

　この本は、決定版というわけではなく、はじめて日本で制作されたAro/Aceに関する書籍として、一つの通過点・到達点だと考えています。したがって、今後Aro/Aceに関する情報をよりわかりやすく、より正確にまとめられるようになった際には、改訂版の出版も視野に引き続き取り組んでいきたいと思います。そして、この本だけでなく、さまざまなタイプのAro/Aceに関する書籍が出版されることが私たちの望みです。この本がそのきっかけになることを期待しています。

　最後に、読者の皆さんに著者から一人ずつメッセージを送りたいと思います。

みやけ

（三宅大二郎）

皆さん、お読みいただきありがとうございました。

Aro/Ace 研究をしている者として、Aro/Ace に関する情報を広く届ける一般書の制作に関わることができて、とても光栄でした。この本をきっかけに、Aro/Ace についてもっと知りたいと思ってくれる方が少しでも増えていたら幸いです。

Aro/Ace に関連する活動はまだまだこれからという面が多いと思いますが、学術研究もその一つです。もし、Aro/Ace 研究に関心を持ってくれた方がいれば、一緒に盛り上げていきましょう。研究は一つのアプローチでしかありませんが、Aro/Ace 当事者はもちろんのこと、恋愛／性愛に関連する規範やそれに基づく制度に窮屈な思いをしているすべての人のためになる取り組みだと信じています。そのような力が Aro/Ace にはあります。

この本を入口に、Aro/Ace の世界をもっと知ってください。

はるか

（今徳はる香）

私は 2015 年にはじめて Aro/Ace 交流会を主催しました。
最初は知人からのお願いで開催したのですが、その経験が自分にとってすごく楽しく「恋バナにうまく混じれなかった自分に必要なコミュニティはここなのかもしれない」と思い、現在まで約 150 回ほど開催しています。

その中でのべ 3000 人以上の当事者、当事者かな?という方とお話しし、Aro/Ace の多様性（交流会に参加する方の中のですが）を実感してきました。

この本では、そういった「Aro/Ace の中の多様性」をさまざまな角度から取り扱っておりますので、「周りとの恋愛や性愛の話が合わない…」や「他の Aro/Ace とも違う気がする…」と悩んでいる方に届き、少しでも悩みが軽減されることを願っています。

そして中学生の頃、恋愛小説が苦手でミステリー小説ばっかり読み「ミステリー作家になること」が夢だった私に「全然思ってた形とは違うと思うけど、本を出すって夢は叶ったよー!」って伝えたいです（笑）。

カミ
（神林麻衣）

突然の辞令により LGBTQ+ の支援に従事することになったのが 2019 年。
とにかく勉強しなければと有識者の方にお話を伺い、書籍を読みましたが、Aro/Ace
については情報源によって言葉の定義がバラバラで、大変混乱したことを覚えています。
当時の私が「これを読めばよかったのか」と思える本を作りたいと思い、制作に携わ
らせていただきました。
本業もある中での制作活動は一筋縄ではいきませんでしたが、心強いチームメンバー
とともに、この本の発行ができたことを光栄に思います。

「誰もが恋愛／性愛感情を抱くわけではない」ということが " 当たり前 " となった日には、
この本は役目を終えるのかもしれません。
いつか遠くない未来に、そんな日が来ることを信じてやみません。
この書籍を手に取ってくださった皆様が、Aro/Ace の良き隣人となってくださることを
願っています。

なかけん

（中村健）

まずは、ここまでお読みいただきありがとうございました！

私は 17 歳の時に Aro/Ace に関する言葉を知り、自認しました。
恋愛についてノートにまとめたり、周囲の恋バナになじもうとしたり、恋愛・性愛を体験しようと挑戦したり、相手の求める恋愛的・性的な行為に応えようと必死になったり、私なりに頑張って、その度に「みんなと同じようになれない」自分を責めて、私はおかしいと思い続けてきました。

だからこそ、最後のメッセージではあえて、当事者の方やそうかもしれないと思って手に取ってくださった方に向けて伝えさせてください。

「あなたはおかしくないです」

月並みな言葉でごめんなさい。
でも、それしか私には言えませんし、一番私が伝えたい言葉はこれでした。
（もちろん、「おかしいなんて思ったこともなかった」という人はその気持ちを大切にしてくださいね）

Aro/Ace は冷たい人でも、清純な人でも、不思議な人でも、特別な人でも、おかしな人でもなく、日々を生きている一人の人間です。
そして、私もその一人です。

まだまだ「生きづらい」社会ではありますが、その「生きづらさ」を少しだけでも、共感して分け合ってくれる、そんな本であってほしいと心から願っています。

かな,

（イラスト）

「いちばんやさしいアロマンティックやアセクシュアルのこと」
発行 おめでとうございます！！

かな，と申します。今回，イラストとマンガを描かせていただきました。
本の制作に携わる事ができて光栄に思います。ありがとうございます。
今まで色恋沙汰で「他人と感性がずれているようだ」悩むことが多く，
そんな中でAro/Aceという存在を知り，心が軽くなった事を思い出します。
そしてちょっとだけ愛について考えるようになりました。
友愛，慈愛，敬愛，家族愛，愛国心etc…色々な愛の形があって
愛しかたは恋愛や性愛だけでなく人それぞれなんだっていうね。
人と人の色々な形の繋がり…私なりに大切にしていきたいと思います。

かな,
@kana_orz
Xで「婚活難民がAセクシャルを自認していく話」という
漫画描いたりしていました。ご興味ありましたらぜひ！

〈著者紹介〉

三宅 大二郎 (みやけ・だいじろう)

大阪大学大学院人間科学研究科博士後期課程。Aro/Ace について研究している。大学で性的マイノリティの学生支援にも従事する。

【論文】

三宅大二郎・平森大規，2021，「日本におけるアロマンティック／アセクシュアル・スペクトラムの人口学的多様性——「Aro/Ace 調査 2020」の分析結果から」『人口問題研究』，77(2)，206-23.

三宅大二郎・平森大規，2023，「日本のアロマンティック／アセクシュアル・スペクトラムにおける恋愛的指向の多面性」『ジェンダー＆セクシュアリティ』，18，1-25.

【書籍】

三宅大二郎，2017，「asexual のドラマトゥルギー——AVEN における定義の変遷に着目して」藤川信夫編『人生の調律師たち：動的ドラマトゥルギーの展開』春風社，370-408.

今徳 はる香 (いまとく・はるか)

特定非営利活動法人にじいろ学校代表理事。2016 年に法人を立ち上げ、アセクシュアルをはじめとする性的マイノリティ当事者の交流会を実施。これまでに全国 8 都市約 2,700 名が参加。中でもアセクシュアル関連の交流会は過去約 140 回実施しており、最大規模の交流会では約 200 名の参加者を集めた。

また、東京レインボープライドに計 5 回フロート出展を行い、多様な性に関する啓発活動も精力的におこなっている。

テレビ東京ドラマ「今夜すきやきだよ」アロマンティック監修も務める。

神林 麻衣 (かんばやし・まい)

早稲田大学職員。「LGBT の支援もできる」キャリア支援者養成プログラム nijippo 1 期生。アライの養成を目的とした研修の開発や LGBTQ+ 学生へのキャリアサポートガイドの発刊、ジェンダー・セクシュアリティに配慮したキャリア相談、アロマンティック・アセクシュアル関連のイベントの企画・運営等に従事。

中村 健 (なかむら・けん)

アロマンティック・アセクシュアル、X ジェンダー当事者。大学や行政、企業などで多様な性に関する講演／啓発活動を行う。当事者グループ「なかぷろ」を主催し、これまでに約 450 名の当事者が参加。NHK ノーナレ「恋愛圏外」やメディア掲載等の実績多数。

いちばんやさしい
アロマンティックやアセクシュアルのこと

2024年4月23日　初版第1刷発行

著　者　　三宅 大二郎　　今徳 はる香

　　　　　神林 麻衣　　中村　健

発行者　　大江 道雅

発行所　　株式会社　明石書店
　　　　　〒101-0021　東京都千代田区外神田6-9-5
　　　　　電　話　03 (5818) 1171
　　　　　ＦＡＸ　03 (5818) 1174
　　　　　振　替　00100-7-24505
　　　　　https://www.akashi.co.jp/

イラスト　　かな.
装丁　　　　谷川 のりこ
印刷・製本　モリモト印刷株式会社

見えない性的指向
アセクシュアル
のすべて

誰にも性的魅力を感じない
私たちについて

ジュリー・ソンドラ・デッカー [著]

上田勢子 [訳]

◎四六判／並製／320頁　◎2,300円

性的な関心が少ない、性的なものに惹かれない「アセクシュアル」を自認
する人が増えている。アセクシュアリティの概説から暮らしの中で受ける誤
解、さらには自分が、恋人が、友人がアセクシュアルだった場合の理解と
対応まで、当事者として活動してきた著者が丁寧に説く。

《価格は本体価格です》

ノンバイナリーがわかる本

heでもsheでもない、theyたちのこと

エリス・ヤング［著］　上田勢子［訳］

◎四六判／並製／352頁　◎2,400円

男女二元論にとらわれないジェンダー・アイデンティティ「ノンバイナリー」についての、日本で刊行される初めての概説書。ノンバイナリーである著者自身の経験や調査を基に、関連用語、歴史、心身の健康、人間関係、法律など幅広いトピックをわかりやすく解説。

●内容構成

〈価格は本体価格です〉

〈価格は本体価格です〉